本书获得北京联合大学市级校外人才培养基地建设项目的资助

田雅琳 著

工作生活质量对员工工作绩效影响机制研究
——基于中国服务性岗位的调查

The Effect Of Quality Of Work Life
On Employees' Performance

中国旅游出版社

摘要

工作生活质量,这个用来衡量员工在工作过程中产生的心理和生理健康的感觉,正在被越来越多的人所认知。除了必要的薪酬与工作安全以外,员工对于自己在工作中的所作所为也希望获得尊重。更广泛地说,工作生活质量意味着员工在他整个的职业生涯中,物质与非物质价值的总和。工作生活质量包括与工作相关的各个方面——技术自主性、任务控制、工作与时间压力、工作不安全感、主管与同事支持,都与员工的满意和激励相关。工作生活质量是组织工作场所人力资源管理的重要概念(Boxall & Macky, 2007; Evans & Davis, 2005)。它是企业建立和谐劳动关系的重要指标(Tulasi Das V. & Vijayalakshmi Ch., 2013),也是提高员工个人绩效、以至组织绩效的影响因素(Carter, 1990; Donavan, 2004; Efraty &Sirgy, 1990; Efraty, 1991; Hombury & Stock, 2004; Lewellyn &Wibker, 1990)。经济全球化带来的产业结构调整,使得服务业在各国经济发展中的地位不断攀升,且在国内生产总值中所占比例也逐步提高。近年来,我国服务业进入快速发展阶段,在服务经济飞速发展的今天,要提升服务产业竞争力,提升服务质量、增加收益是企业永恒的话题。服务业的生产与消费同步、产品的无形性、顾客在与员工的互动过程中参与服务的特性,让我们认识到,在面对面与客人的服务接触中,员工实际上是企业服务产品的一部分,他们代表着组织,他们工作中的一言一行代表着企业的整体形象(Bitner, Booms & Tetreault, 1990; Hartline & Jones, 1996)。能力强又可靠的员工能够为企业带来利润(Hinkin & Tracy, 2000)。尽管现代服务业中越来越多地使用信息网络技术为支撑,但是高科技(high-tech service)不可能全面替代人员服务(high-touch service)。因此,一线员工对工作的感受、态度和行为,是决定服务业服务质量、客户满意度、企业核心竞争力,以及组织绩效的决定因素(Bitner, Booms &Tetreault, 1990; Delaney &Huselid, 1996; Nickson, 2002; Schneider, 2003; Bowen &Ostroff, 2004; Evans & Davis, 2005; Boxall&Macky, 2007)。

基于以上研究背景,本研究的目的是探索工作生活质量对员工工作绩效影响的概念模型及作用机制。其基本结论有三：第一，工作生活质量对员工的工作绩效具有直接影响。本书针对服务型企业中，与顾客面对面接触的一线员工感知的工作生活质量对员工的工作绩效具有正向影响。所谓员工绩效，对于服务型企业，不仅包括明确的任务绩效，更包含顾客导向的组织公民行为。研究结果支持了国内外人力资源管理领域针对工作生活质量的理论观点。第二，通过对比不同的嵌套模型对员工敬业度和情感承诺的中介作用进行检验。通过文献研究，本研究选取了敬业度、情感承诺两个变量，探索其在工作生活质量与员工工作绩效关系中的内在作用机制。通过收集大样本数据，采用结构方程的分析方法，结论表明，员工敬业度和情感承诺在工作生活质量与员工工作绩效中起到完全中介作用。对Demerouti和Schaufeli（2009）等学者提出的理论观点在服务型企业中进行了实证检验，验证了相关理论观点的操作性，弥补了缺乏服务型企业工作情境实证研究的不足。充实了工作生活质量、敬业度、情感承诺和员工工作绩效等相关领域的研究。第三，实证研究结果表明，学习目标定向并非是影响员工工作绩效的自变量，而是对工作生活质量与敬业度、情感承诺的关系具有调节作用的调节变量，学习目标定向在工作生活质量对员工敬业度、情感承诺中具有调节作用，当学习目标定向高时会显著增强工作生活质量对敬业度、情感承诺的影响。

本研究的创新主要体现在以下几个方面：第一，将顾客导向的组织公民行为应用到员工工作绩效领域。本研究对象是服务业中面对面接触客人的一线员工，情境绩效（contextual performance）采用了Dimitriades (2007)定义的顾客导向的组织公民行为（Customer-oriented OCB，CO-OCB），并使用Morrison（1996）开发的顾客导向的组织公民行为（CO-OCBs）量表作为测量工具进行研究，构建了适用于面对面接触顾客的服务型企业一线员工的二维绩效模型，填补了这一研究领域的空白。第二，揭示了工作生活质量对员工工作绩效的影响过程机制。本研究通过规范、严谨的实证研究方法，验证了工作生活质量对员工工作绩效的"三路径作用机制"，整合了相关理论，也验证了工作生活质量不仅可以直接对员工工作绩效产生影响，而且可以通过敬业度和情感承诺间接起作用，从心理学的角度揭示了工作生活质量对员工工作绩效的作用机制，使工作生活质量与员工工作绩效之间的关系链更为清楚和完善，生动地解释了二者随之变化的中间发生了什么。具有一定的理论意义，也为企业提高员工工作绩效提供了实践依据。第三，揭示了学习目标定向在工作生活质量与员工工作绩效之间的调节作用。本研究证明了学习目标定向并不会对员工工作绩效产生直接影响，而是一个调节变量，且不同程度的学习目标定向，对变量间的调节方向不同。即高学习目标定向正向调节工作生活质量对敬业度、情感承诺之间的关系，而低学习目标定向反向调节工作生活质量对敬业度、情感承诺之间的关系。该研究结论，不仅从理论上对学习目标定向的作用模式进行了分析，在广泛的争论中清晰地表达了观点，也澄清了人们原有对目标定向认识的偏见，提出了针对不同程度的学习目标定向的员工日常管理中的激励手段，具有一定实践意义。

关键词：工作生活质量，员工工作绩效，敬业度，情感承诺，成就目标定向

ABSTRACT

Quality of work life, the terminology which evaluate employees psychological and physical feeling at work (Boxall & Macky, 2007; Evans & Davis, 2005), is perceived by more and more people. Employees hope to be respected at their work besides adequate pay and security. More broadly, quality of work life means the sum of tangible and intangible value during employees' career. Quality of work life, which includes all aspects of work: Skill discretion, task control, work and time pressure, job insecurity, supervisor support and coworker support, relates to employees satisfaction and motivation. Quality of work life is one of important HR definition in workplace, it is also an important indicator of harmony labor relations (Tulasi Das V. &Vijayalakshmi Ch., 2013), a factor of improve employees performance and organizational performance (Carter et al. 1990;Donavan et al. 2004;Efraty &Sirgy 1990;Efraty et al. 1991;Hombury & Stock 2004;Lewellyn &Wibker 1990).

As the world economy accelerates the pace of structural adjustment, global industrial structure has shifted from manufacturing to services due to economic globalization. Service industry upgrades its position each country. In recent years, service industry develop rapidly in China, upgrading its competitiveness, promoting its quality, increasing its revenue, are enterprises' eternal topics. Different with manufacture, service has many characteristics such as production and consumption simultaneously, intangibility, customers involvement in production process. Employees are part of production actually in face to face service. They represent their organization, what they said and what they did represent organization's image (Bitner, Booms &Tetreault, 1990; Hartline & Jones, 1996). Capable and reliable employees bring enterprises' more revenue (Hinkin and Tracy,2000). High-tech service can not replace high-touch service thoroughly although more and more information technology applied in service industry. Therefore, front line employees feeling to work, attitude and behavior determine their service quality, customer satisfaction, organization's core competence and organizational performance (Bitner, Booms &Tetreault, 1990; Delaney &Huselid, 1996;Nickson et., 2002; Schneider 2003; Bowen &Ostroff, 2004; Evans & Davis, 2005; Boxall&Macky, 2007).

Based on above research background, on the one hand, how do we promote high-touch employees performance to increase enterprises competitiveness, organization satisfy front line employees demand of their quality of work life in order to improve employees performance theoretically on the other. In particular, it is important for high-touch employees to study the internal mechanism and path dependency which influenced by their quality of work life. The purpose of the research is to explore the conceptual model and mechanism which quality of work life impact on employee's performance.

The creativity of this thesis is as follows:

1. The concept of customer oriented organizational citizenship behavior (CO-OCB) is applied to the performance field.

Broadly speaking, work performance is nothing but work standard (Campbell, Oswald & Gasser,1996), it is employees' behavior and presentation for organizational target (Rotundo & Sackett, 2002). Borman and Motow idlo put forward to binary performance model which composed of contextual performance and task performance in 1993, contextual performance pay more researchers' attention from then on. In modern enterprises, working according to job instruction only is far from reaching organizational target, which needs more cooperation and support among employees. Managers are hard to evaluate employees' contribution from task performance only (Conway, 1999). Fortunately, contextual performance reflect employees' coordination each other, and the work beyond job instruction.

In high-touch service industry, employees represent organization to contact customers directly, and produce the service (Zeithaml & Bitner, 1996). Customer-oriented OCB is much more important besides OCB to coworkers (Dunlap, 1988). It not only set up long-term and stable relationship between customers and company, but gain mutual benefits (Kelly, 1992).In view of the object of the research, we apply customer-oriented

OCB, CO-OCB as contextual performance, construct a dual-dimension performance model which is suitable for high touch employees in service industry, fill the gap in the field of research.

2. Reveal the mechanism of quality of work life on employees' performance.

In terms of quality of work life, HR management has started its study on individual performance for many years. Researchers agree with its positive effect on employees' performance. But how does it work? Is it direct effect or indirect effect? What factors and degree do it effect? All these questions still lack theoretical and empirical testing. Simultaneously, there are also a great number of studies discussing the effect between work engagement and job performance, or affective commitment and job performance. Is it one question explaining from different views? Does it exist relations among theories? Can we integrate them? In this thesis, we use standardize, rigorous empirical method, test the three path mechanism of quality of work life on employees performance, integrate related theories. We verify the effect of quality of work life on employees performance directly, and its effect via work engagement and affective commitment indirectly, reveal its mechanism psychologically, improve the chain of quality of work life and employees performance more clearly, explain what happens between them vividly. It not only has theoretical significance, but provides practical experience also.

3. Reveal the moderation of mastery orientation between quality of work life and employees performance.

Mastery orientation is regarded as a stable personality trait when individual present his capability in work. As an important part of goal orientation, mastery orientation is an independent variable which affect individual performance directly, or a moderating variable which affect the relationship among variables, researchers' findings vary. In the thesis, we prove mastery orientation is a moderator, and different degree of mastery orientation, has different direction to variables. That is, high mastery orientation moderates the relations between quality of work life and work engagement, affective commitment positively, but low mastery orientation moderates the relations between quality of work life and work engagement, affective commitment negatively. The findings of the thesis, analysis the mechanism of mastery orientation, express the views clearly in different argument, clarify the bias to mastery orientation, and propose different incentives to different degree of mastery orientation, which has practical significance.

KEY WORDS: Quality of Work Life, Employee's Performance, Work Engagement, Affective Commitment, Goal Orientation

目录

理论篇

3　第一章　绪　论
3　　第一节　研究背景
8　　第二节　研究主题及意义
12　　第三节　研究方法及技术路线

13　第二章　文献综述
13　　第一节　社会交换理论及相关模型
18　　第二节　工作生活质量研究进展
24　　第三节　工作绩效研究进展
35　　第四节　员工敬业度与情感承诺研究进展
47　　第五节　成就目标定向研究进展
51　　第六节　文献总结述评

52　第三章　研究框架与假设
52　　第一节　研究模型：工作生活质量对员工工作绩效的作用机制

55	第二节	工作生活质量对员工工作绩效的直接效应
57	第三节	路径1：敬业度的中介效应
61	第四节	成就目标定向对工作生活质量和敬业度的调节效应
63	第五节	路径2：情感承诺的中介效应
67	第六节	成就目标定向对工作生活质量和情感承诺的调节效应
69	第七节	本章小结

71	**第四章 量表、样本及信效度检验**
71	第一节 研究工具
77	第二节 研究样本
80	第三节 量表信度与效度检验
85	第四节 本章小结

86	**第五章 数据统计及假设检验**
86	第一节 描述性统计分析
88	第二节 结构方程模型变量关系验证
90	第三节 成就目标定向对工作生活质量和敬业度的调节作用验证
92	第四节 成就目标定向对工作生活质量和情感承诺的调节作用验证
93	第五节 本章小结

95	**第六章 结　论**
95	第一节 研究结果讨论
100	第二节 主要研究结论及理论贡献
103	第三节 实践指引意义及未来努力方向

实践篇

第七章　旅游咨询员的从业生态：现状、问题与对策

111　　　　　——基于北京市G区培训的评估和调查

111　　第一节　问题的提出

112　　第二节　研究设计与研究方法

114　　第三节　数据分析结果

117　　第四节　讨论与建议

第八章　北京老字号餐饮企业用人文化的历史流变与传承发展：以全聚德为例

119

120　　第一节　绪论

126　　第二节　研究综述

130　　第三节　不同时期全聚德用人文化的历史流变与传承发展

139　　第四节　对策建议

附　录

143

143　　附录1　相关研究文献梳理一览表

155　　附录2　调查问卷

160　　附录3　访谈提纲

161　　附录4　访谈记录

163　　**参考文献**

理论篇

理论篇梳理并整合了社会交换理论、工作需求—控制—支持模型、工作要求—资源模型等相关理论，通过规范、严谨的实证研究方法，揭示了工作生活质量对员工工作绩效的影响过程机制；验证了工作生活质量不仅可以直接对员工工作绩效产生影响，而且可以通过敬业度和情感承诺间接起作用，从心理学的角度揭示了工作生活质量对员工工作绩效的作用机制，使工作生活质量与员工工作绩效之间的关系链更为清楚和完善。

第一章

绪 论

第一节 研究背景

　　工作生活质量，这个用来衡量员工在工作过程中产生的心理和生理健康的感觉，正在被越来越多的人所认知。当人们处于低收入水平及经济不发达阶段，人们为谋求生存而奋斗，认为工作只是用体力与智力换取工资的交换关系，对工作生活质量不敢奢求过多。但随着经济发展水平的提高，人们倾向于认为工作应该是个体表达自我的一种方式，除了必要的薪酬与工作安全以外，员工对于自己在工作中的所作所为希望获得尊重。员工有权利追求他个人向往的、有意义的工作。更广泛地说，工作生活质量意味着员工在他整个的职业生涯中，物质与非物质价值的总和。工作生活质量包括与工作相关的各个方面——工资和工时、工作环境、福利与服务、职业前景和人际关系，都与员工的满意和激励相关。工作生活质量是组织工作场所人力资源管理的重要概念（Boxall & Macky, 2007; Evans & Davis, 2005）。它是企业建立和谐劳动关系的重要指标（Tulasi Das V. & Vijayalakshmi Ch., 2013），也是提高员工个人绩效，以至组织绩效的影响因素（Carter, 1990; Donavan, 2004; Efraty & Sirgy, 1990; Efraty, 1991; Hombury & Stock, 2004; Lewellyn & Wibker, 1990）。

　　世界经济结构调整、经济全球化带来的全球产业结构重心的转移，促使服务业在各国国内生产总值中所占比重不断提高，且在各国经济发展中的地位不断上升。近年来,我国服务业进入快速发展阶段,从行业税收增长角度看,2014年,我国第二、第三产业税收收入分别增长5.5%和13.2%,第三产业高于第二产业7.7个百分点,占比分别为45.7%和54.2%。从二者占比变动情况看,第二产业税收占比从2013年前四个月的47.5%逐步下降到2017年前4个月的45.7%。而第三产业税收则从52.4%稳步提升到54.2%。这不仅反映了我国经济结构调整的趋势,也标志着我国由工业化中期向工业化后期过渡,中国经济或将迈入"服务化"时代。"预计到2020年,我国第二产业比重将下降到40%以下,第三产业比重将达到55%左右(张本波,2014)。"未来,我国将逐步实现"世界工厂"向"世界市场"的转变。

　　服务业经营范围广,业务门路多,能容纳大量劳动力。无论发达国家还是发展中国家,发展服务业是解决和扩大劳动就业的重要途径。图1-1显示我国2004—2016年第一、第二、第三产业就业人口总数,从中我们发现,2004—2016年,我国服务业就业人数从最初的23011万人,增长到33757万人,增长46.7%。而从事农、林、牧、渔的第一产业就业人数从最初的35269万人,减少到21496万人,减少39.1%。如此日益庞大的就业人口,吸引着越来越多的学者关注服务业人力资源管理问题。

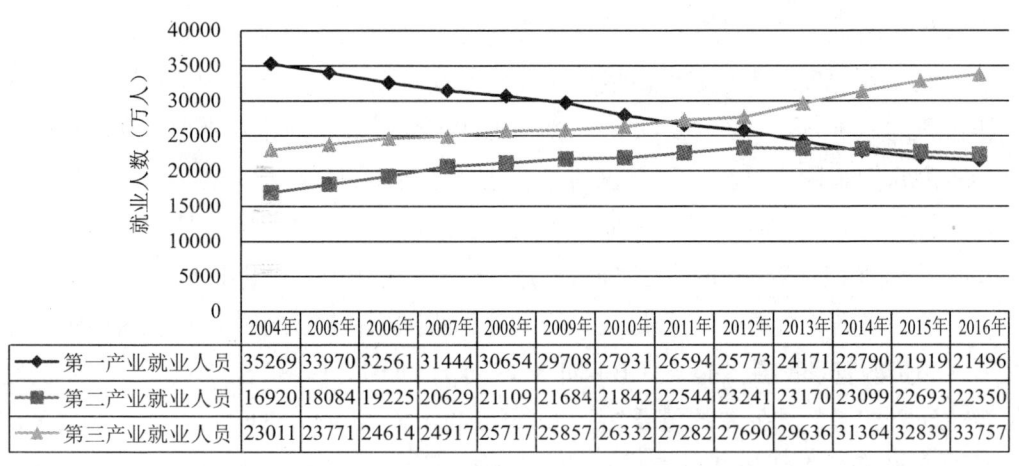

图1-1　2004—2016年中国三次产业分就业人员变化情况

资料来源:根据中华人民共和国国家统计局相关数据整理

　　当今职场,无论企业大小,都面临着这种"招人难,留人更难"的局面。特别是传统服务业,长期以来处在技术含量不高,附加值低,服务业的劳动生产率较低的尴尬局面。仅以旅游接待业为例,改革开放30多年,我国旅游业,作为开放时间较早的行业之一,经历了起起伏伏。从最早的令人羡慕、蜂拥而至的涉外工作,到如今的行业吸引力下降、专业人才青黄不接的现状,与目前我国旅游经济总量扩张、社会功能加强、旅游业态日益丰富、人才市场需求明显上升的局面形成令人尴尬的对比。居高不下的员工离职率亦是当今旅游企业面临的重大难题(Riley,Ladkin & Szivas, 2002; Walsh & Taylor, 2007)。越来越多的人把在旅游企业的工作当成初涉职场的入门职业和职业转型中的跳板,真正想以此作为长期事业追求的不多,员工总体职业忠诚度低(Jiang & Tribe, 2009)。即使是那些旅游管理专业的学生,毕业后也放弃进入旅游行业工作(Teng, 2008)。其中一个原因是他们感知到的旅游业较低的工作生活质量(Kang & Gould, 2002),以及实习过程中对实际工作的失望,极大影响了他们日后进入这一行业的意愿(Waryszak, 1999; Jenkin, 2001)。一方面是旅游行业业务持续增长,人才市场需求呈明显增长态势。据《2016年中国旅游业统计公报》显示,旅游直接和间接就业7962万人(其中旅游直接就业2813万人),占全国就业总人口的十分之一。另一方面是旅游企业人力资源匮乏已成为制约其发展的瓶颈。2017年《北京市人力资源与社会保障局》公布的数据,人才劳动力市场需求大于供给缺口最大的十个职业中,以旅游企业为代表的饭店服务员排第七位。是劳动力市场的需求主体。不过,目前行业吸收和维持人才正在变得越来越困难。同时行业也遭受高离职率的危机(Mehra, 2006),严重影响着旅游产品和服务的质量(Pizam & Thornbury, 2000)和旅游企业的收益与利润(Tracey & Hinkin, 2008)。难以吸引和保留好的雇员,导致旅游企业服务质量下降,竞争优势匮乏。

  在服务经济飞速发展的今天,要提升服务产业竞争力,提升服务质量、增加收益是企业永恒的话题。服务业的生产与消费同步、产品的无形性、顾客在与员工的互动过程中参与服务的特性,让我们认识到,在面对面与客人的服务接触中,员工实际上是企业服务产品的一部分,他们代表着组织,他们工作中的一言一行代表着企业的整体形象(Bitner, Booms & Tetreault, 1990; Hartline & Jones, 1996)。能力强又可靠的员工能够为企业带来利润(Hinkin & Tracy, 2000)。尽管现代服务业中越来越多地使用信息网络技术为支撑,但是高科技(high-tech service)不可能全面替代人员服务（high-touch service）。因此，一线员工对工作的感受、态度和行为，是决定服务业服务质量、客户满意度、企业核心竞争力，以及组织绩效的决定因素（Bitner, Booms & Tetreault, 1990; Delaney & Huselid, 1996; Nickson, 2002; Schneider, 2003; Bowen & Ostroff, 2004; Evans & Davis, 2005; Boxall & Macky, 2007）。

基于以上背景，基于"工作生活质量"这个关键变量，研究服务业面对面服务接触（high-touch）员工工作绩效的影响和内在机制和路径，就成为一个具有理论及实践意义的研究课题。

在服务业，直接接触顾客的员工代表着公司的"生产服务"（Zeithaml & Bitner, 1996）。由于服务本身具有的无形性、异质性和不可分离性，一线员工的态度和行为直接影响着顾客的满意度和服务质量（Barroso, 2004; Bowen & Schneid, 1985; Dean, 2004; Hartline & Ferrell, 1996）。Morrison（1996）和Bienstock（2003）指出，在面对面服务接触过程中，员工的表现是服务型企业经济活动成败与否的关键。一个企业要想在市场上与其他企业有效竞争，拥有一批工作满意度高的、受过良好教育的、积极向上并忠诚的员工是服务企业持久成功的条件（Roney & Wztin, 2007）。但在以往文献中发现，保留住这样德才兼备的员工却正在成为挑战（Keller, 2004; Richardson, 2009）。即使开出合理的工资，企业也惊讶地发现，薪酬福利不再是员工工作追求的唯一目标。虽然钱仍然重要，但它不足以激发员工对组织的投入和忠诚。人们的价值观在发生变化，今天的员工更关注他们的工作生活质量（Talor & Cosenze, 1998）。工作生活质量是员工在工作情境中个人需求满足程度的感知（Efraty & Sirgy, 1990），是一个复杂的多维概念。既有员工主观感受，也有理性的客观标准，可以进行客观的测量与横向、纵向比较。已有研究认为，较高的工作生活质量对员工个人绩效、生产力、销售额、利润率等组织绩效指标均有很好的预测作用，而员工对所在企业工作生活质量的不满会广泛地体现在组织内劳动者的工作倦怠、绩效低微、频繁离职、跳槽等退缩性行为上（Havlovic, 1991; Labiris, 2002）在服务型企业中更是如此。由此可见，在服务行业中，一线员工的工作生活质量对工作绩效的重要作用。然而，截至目前，并没有系统的研究针对服务型企业中，与顾客高服务接触的员工感知的工作生活质量和其个人绩效之间的关系。本文在工作生活质量与员工工作绩效文献基础上，努力挖掘高服务接触员工的特点，进一步探索在工作情境中，员工感知的工作生活质量如何影响其个人工作绩效。

虽然已有研究证明工作生活质量对员工工作绩效有正向影响（Carter，1990；Donavan，2004；Efraty & Sirgy，1990；Efraty，1991；Hombury & Stock，2004；Lewellyn & Wibker，1990），但工作生活质量作为一个多维构念，如何影响个体工作绩效，人们的研究并不多，其作用路径目前仍是"黑箱"。出现这种情况的原因除了是对工作生活质量的内在构成有着不同认识外，还有就是忽略了中介机制（mediating mechanisms）的缘故（Riordan，2000）。本研究引用社会交换理论（Social Exchange Theory，SET）来解释工作生活质量与员工工作绩效的作用机制。如果把员工—组织关系看成是员工与组织之间建立的一种社会交换关系，当雇佣双方遵守交换原则时，他们将建立更加信任和忠诚的关系。这是因为"构成社会交换的行为取决于对他人予以回报的反应，随着时间的推移，双方自然成为互惠的交易和关系（Cropanzano & Mitchell，2005）。组织承诺就是这种交换关系建立后员工的心理感受。在Meyer和Allen定义的组织承诺的三个维度中，情感承诺作为员工在情感上对组织认同和投入的总强度，解释力最强。员工通过个人的劳动和对组织的忠诚换取组织给予的报酬，以个人对组织的忠诚换取组织对个人的关心和支持。同理，敬业度高的员工体验着积极情绪，工作中更加专注并且开放，在这种状态下，员工会产生尝试新方法、发展新的策略解决问题、有采取独创性努力的冲动，提高个人任务绩效。敬业度高的员工全身心地投入工作，是因为这会给他们带来相互有利的交换。不过，尽管工作生活质量对员工工作绩效产生影响，然而不同个体对此的反应却不同。成就目标定向这一构念包含学习目标定向与绩效目标定向两个维度：学习目标定向的员工更加积极地对待自己的工作角色，愿意在工作中有更多的自主性（Rawsthorne & Elliot，1999）。学习目标定向的员工更愿意接受复杂的、不确定性高、有挑战性的工作，他们会投入更多的精力来解决这些难题（Dweck，1999；Farr，1993）；而绩效目标定向的员工一般都避免不确定性高的任务，因为这会更容易让他们在外人前出丑（Dweck，1986；Janssen & Van Yperen，2004）。当面对挑战性的工作时，绩效目标定向的员工因感到自尊受到威胁表现出焦虑（Janssen & Van Yperen，2004）。不像学习目标定向的员工那样努力克服困难，绩效目标定向的员工更倾向于退缩行为和掩盖行为（Siderides，2005）。所以，成就目标定向对员工工作绩效是否存在调节作用,也是本研究希望进一步探索的焦点所在。

第二节 研究主题及意义

本研究的主要目标任务,就是要基于中国服务业经验调查数据检验工作生活质量对顾客面对面服务的员工工作绩效影响的作用机制及路径。分而言之有四个方面需要聚焦研讨的问题:(1)在工作情境下,与顾客面对面服务接触的员工的工作生活质量对员工工作绩效产生正向影响;(2)研究工作生活质量以敬业度为中介变量对员工工作绩效的影响作用机制;(3)研究工作生活质量以情感承诺为中介变量对员工工作绩效的影响作用机制;(4)成就目标定向的调节效应研究。

首先,探索与验证工作生活质量的构成。对工作生活质量进行定义和测量一直是劳动关系与人力资源研究领域最为关注和争论最多的课题,这种争论到今天也没有结束。事实上,工作生活质量是一个很难掌握的概念。因为工作生活质量内涵丰富、复杂,个体之间对它的感受与理解既可能存在差异,又可能随着时间和情境的变化,人们对此的感受也有所不同。并且由于学者们对工作生活质量关注的焦点不同,其维度划分与测量量表间也存在差异,至今尚未归纳出成熟的关系框架,尽管感知工作生活质量是多维结构显而易见,学者对于结构和维度本身却并没有共识。此外,在劳动关系与人力资源研究领域中,行业之间的差异有时甚至大于国家之间的差异,而工作场所或企业的特点是镶嵌于行业特征中,行业特征决定了企业运行、技术、劳动过程、劳动力市场等多方面的特点。虽然关于工作生活质量定义及结构的研究已有很多,但是系统地提出针对服务行业的工作生活质量研究还较缺乏。由于工作生活质量的认知和测量始终存在争论,需要不断进行分解和验证,本研究基于前期的文献归纳整理,将工作生活质量分为技术自主性、任务控制等7个维度,拟通过经验研究验证其合理性,丰富现有工作生活质量理论,便于进一步开展工作生活质量的相关研究。

其次,探索企业提升员工工作绩效方向。简单说来,工作生活质量是人们对工作需要的满足感。员工通过积极劳动、参与决策享受高质量的工作生活质量。它即为组织采取一系列的措施满足员工物质与精神需求,促使员工发挥创造力,增强责任感，积极投入工作，最终实现组织目标的高效完成。随着经济发展水平的提高和社会进步，企业认识到员工对于更加"人性化"工作的需求，并把"了解员工需求并及时满足"作为人力资源管理的重点。尽管认识到工作生活质量对员工绩效的重要作用，但在管理实践中仍然存在激励不到位、管理手段单一、员工个人绩效提高不显著等问题。这些管理上的困惑主要是由于对影响员工工作绩效的因素缺乏清晰的认识和理论上的指导。尽管工作生活质量的研究已经进行了几十年，但目前还没形成界定清晰并被广泛接受的定义。这是因为"一般人总以实现自己的愿望为目的来定义工作生活质量"（Westley，1979）。而在中国，工作生活质量尚且是一个较新的概念，并无系统性的专门研究。因此，本研究希望能够探索工作生活质量对员工工作绩效关系的理论框架，从而丰富相关理论并为管理实践服务。

再次，探索服务型企业中，面对面接触顾客的工作绩效评价。在很多服务业，面对面接触顾客的服务人员与顾客之间的互动是顾客与企业关系的基础（Bitner，Booms & Mohr，1994；Czepiel，1985；Booms & Bitner，1981）。根据服务利润链理论，服务接触处于利润链的核心。在顾客心目中，一线服务人员就是顾客消费体验的重要组成部分，也是顾客购买的服务产品中的一部分，顾客感知到的服务质量的高低影响着顾客的满意度和忠诚度，最终影响企业的获利性。Normann（1984）把员工和客人之间的交互译为"真实瞬间"，更是表明了二者之间互动的重要性。所谓"真实瞬间"，是指"在员工和顾客接触的那一刻起，员工所做的一切就是他们自己，不再受到企业的影响。员工拥有自己的动机、运用自己的服务技巧，融入顾客的行为中，与客人一起创造着本次服务传递（Normann，1984）。因此，服务型企业的特殊性，使它们在评价一线员工工作绩效时，仅靠传统的工作说明书式的任务绩效和普通的组织公民行为标准是远远不够的。在过去的40多年，顾客导向（customer oreintation，CO）已经成为服务业管理与实践的基础理论（Brady & Cronin，2001）。它是指在员工与顾客服务接触中顾客需求的满意度（Sax & Weitz，1982）。顾客导向之所以重要，是因为具有顾客导向的员工能够增加他们顾客的满意度（Dunlap，1988），进一步促使顾客与组织建立长期的互惠关系，会使公司取得更好的绩效（Kelly，1992）。因此，针对服务业特点，本研究将顾客导向的组织公民行为（customer orineted organizational citizenship behaviors，CO-OCB）

纳入一线服务人员工作绩效评价维度,力图丰富服务企业员工工作绩效的理论,也有助于拓展对一线员工行为和工作绩效问题的研究。

最后,有助于深入理解员工工作生活质量与工作绩效的关系。研究工作生活质量的目的是提升工作绩效,包括个人绩效与组织绩效。目前,针对工作生活质量影响因素的研究较多,而研究工作生活质量对企业管理的影响作用的研究还比较缺乏。袁媛、王乃苗(2006)通过对中远散货运输有限公司300名员工调研表明,改善员工的工作生活质量能够提升其绩效及组织绩效。即员工的工作生活质量对其个人绩效有统计学上的预测意义。Tho D. Nguyen(2012)通过实证研究也发现,工作生活质量正向影响员工的生活质量和工作绩效。Elizur 和 Shye(1990)以锥形结构讨论生活质量(Quality of Life)、工作生活质量(Quality of Worklife)与工作绩效(Work Performance)三者间的关系,以证明工作绩效受到工作生活质量和生活质量的影响。但是它们之间怎样相互影响?以什么方式或机制来影响工作绩效都还没有厘清。国内外学者对于工作生活质量的实证研究目前大多停留在工作生活质量与满意度之间的相关性检验上,而深入研究个别变量与工作生活质量的关系,如个人工作绩效与工作生活质量之间的相关性方面尚缺乏有力证据(卿涛,2007)。因此,在服务型企业的背景下,研究一线员工工作生活质量对员工个人工作绩效的影响及内在机制,对完善现有理论更有意义。

在工业社会中,企业被比喻成一部机器。原材料进入工厂生产出产品被分销到各地。人,在其中被认为是机器中的零件,需要适时地上油保养。当零件不再正常运转,直接卸下丢弃,更换新的零件即可。今天,我们则把企业看成一个有机体,或者比喻成一个人。员工,被看成实现企业绩效的中心,特别在服务业,那些对工作条件满意的、对企业忠诚的员工,他们的态度和行为有助于提供高水平的对客服务,与雇主形成积极、持续、融洽的劳动关系,这些都有助于最大化企业利润(Heskett,1994;Van Looy,2003)。随着科技发展、技术进步,现代组织结构也在发生着变化。全球化竞争的加剧、信息技术的引入、商业重组,这些改变要求组织要有更多的灵活性和有效性;为了提高竞争力,组织必须能够适应变化降低成本,实施一系列新的战略诸如引进新技术、重组和外包。随着组织的不断"瘦身",留下的员工自然是企业的"核心",他们即是组织的"心、脑和肌肉。"同时,这些员工的工作方式可能也与原来有很大区别。Bridge(1994)提出,"工作"这一各种任务和责任集合的概念正在消失,取而代之的是更加宽泛的"角色"的概念。工作角色要求员工具备各种技术和能力适应工作情境中的要求。随着组织管理层的减少和组织结构的扁平化,要求员工在工作中有更多的决策责任和自我管理日常活动。此外,新技术的引入,一些"简单"工作已完全可以由机器和计算机代替,留给人来做的任务自然要求较高水平的知识和能力。目前,全世界的企业都致力于开发更加人性化的工作以满足员工日益提高的需求。传统的工作设计将更加丰富化。提高员工的工作生活质量就是工作重新设计的具体要求。企业要把员工当成需要开发和增值的人力资本,而不再是简单的为企业获利的工具。那么,作为服务业与顾客面对面接触的一线员工,如何提高他们的工作绩效呢?企业该如何进行有效管理?

本研究的现实意义主要表现在如下几个方面:

第一,本研究针对中国服务型企业与顾客面对面接触的一线员工为样本,提出面对面服务接触的员工感知工作生活质量的多维构念,并构建可实施的观测量表,帮助服务企业准确认知和测量自身员工的工作生活质量水平;

第二,依照本研究开发和构建的工作生活质量量表,在企业准确认知和测量自身员工的工作生活质量水平基础上,还可针对量表中的每一个维度,有针对性地制定相应措施,从而有效提升员工的工作生活质量;

第三,本研究深入挖掘员工感知的工作生活质量对员工工作绩效的影响机制,从组织行为学和心理学角度对员工工作绩效进行解释,首次同时将敬业度和情感承诺两个构念引入二者关系质量评价,对员工绩效的心理作用机制进行深刻分析和把握,有助于企业更好地对员工进行绩效管理;

第四,本研究从敬业度和情感承诺入手,探讨其对员工个人绩效的间接影响,有助于企业从员工的角度理解员工个人绩效的形成过程,从而制定相应策略提升员工的敬业度和情感承诺,开拓企业实施组织—员工关系管理的思路;

第五,本研究引入成就目标定向作为调节变量,探讨针对不同个体特质的员工感知的工作生活质量对工作绩效的影响差异,有针对性、有侧重性地根据不同成就目标定向的员工制定策略,从而提高其工作绩效。

第三节　研究方法及技术路线

基于研究问题和研究目标，本研究采用定性分析与定量分析相结合的方法进行，即在定性分析的基础上进行定量分析。通过系统检索国内外文献资料，厘清其研究思路、方法和结果，以已有研究的空白、不足或尚需进一步验证之处作为切入点，经过逻辑推理提出研究框架和假设。引用国外成熟量表作为测量工具，根据实际需要，对此做出微调。

本书按照文献综述、提出假设、数据收集、实证研究、形成结论的标准研究范式，主要运用问卷调查法收集一手数据开展实证研究。首先，通过文献研究和深度访谈得到模型中主要构念的测量项目，形成初始调查问卷。为避免同源偏差问题，采用配对法进行问卷调查和数据收集。对调查数据进行统计分析，具体采用描述性统计分析、验证性因子分析、结构方程模型等统计方法，对研究模型进行分析与验证。应用的统计软件主要有LISERL8.7和SPSS18.0。

本研究的技术路线大致如下：

（1）基于我国服务业现状以及相关理论研究，提出研究问题和研究目的，阐述研究意义和研究方法、技术路线和论文结构；

（2）通过文献研究，对工作生活质量、敬业度、情感承诺、员工工作绩效、成就目标定向相关理论进行系统回顾与梳理，并对其研究局限与不足进行综合评述，为本研究奠定理论和文献基础；

（3）在现有理论和文献基础上进行研究设计，根据研究目标构建研究模型；

（4）根据现有文献中的量表，结合研究需求和实际情况进行调整修订，形成正式调研问卷；

（5）根据研究目标，面向服务型企业，面对面接触顾客的一线员工发放问卷，进行数据收集、数据整理和数据分析；

（6）基于数据分析结果对研究模型的假设进行实证检验，并对实证研究结果进行总结和讨论；

（7）根据研究结论提出我国服务型企业提升员工工作绩效的策略与建议。

第二章

文献综述

第一节 社会交换理论及相关模型

社会交换理论（Social Exchange Theory, SET）是研究工作场所行为的广泛传播的研究理论。亚当·斯密（Adam Smith）的古典经济学思想和斯金纳（Burrbus Frederick Skinner）的行为主义心理学思想是社会交换的理论基础。其正式提出可以追溯到20世纪20年代（Malinowski, 1922；Mausss, 1925），研究视角横跨人类学（Firth, 1967；Sahlins, 1972）、社会心理学（Gouldner, 1960；Homans, 1958；Thibault & Kelley, 1959）和社会学（Blau, 1964）理论。该理论认为，无论是物质还是非物质的交换，社会交换是人与人之间的一种本质关系。作为一种特定的社会交换形式，组织内部或法人群体的社会交换既遵循一般社会交换的共同规律，又有其自身的特点。社会交换理论的代表人物有霍曼斯（George Casper Homans）、布劳（Peter Michael Blau）和埃默森（Richard Emerson）。

随着社会分工的确立，每个人都依靠交换而生活。交换是有偿的物品流转，而不是恩惠和赠给。交换产生的前提是交易双方都能从中获利，交易规则是等价交换。可用于交换的资源，大致可以归纳为爱、地位、信息、金钱、商品和服务六大类（Foa & Foa's, 1974, 1980）。资源的独特性，即资源的价值根据来源不同也有所不同。比如"金钱"独特性较低，因为无论钱来自何人，其价值都是一样的。"爱"具有非常高的独特性，其来源是谁则非常重要。此外，资源的具体性（有形性或明确性），比如大多数的产品和服务在某种程度上至少是具体的，也为人们提供了某种"象征意义"，它传递的是超越实物价值的意义。在组织行为科学研究中，交换资源通常被分为两类：经济资源（强调有形的、财务上的需求）和社会情感资源（强调社会的和自尊需求，通常是有象征意义和独特性高）。布劳（1964）对此做了新的解释，他把资源分为主观资源（个人的经验、技术、性格等）和客观资源（个人拥有的物质财富、地位、声望等）。

布劳坚持"社会交换需要承担不明确的责任是它与经济交换相比，最基本、最重要的区别"。"只有社会交换才能引发人的责任感、感恩之情和信任。而单纯的经济交换无法做到。"暗示着社会交换才能创造持久的社会模式。布劳也概述了这种交换关系是因果相关的，虽然因果关系的方向他并未厘清。比如，他主张"交换双方关系的特点"可能"影响整个社会交换的过程"，意味着关系影响着交换的形式。然而，他也指出成功的交换可能导致个体对另一方的承诺，即交换有时也能影响关系。布劳的交换理论涵盖了社会各个层次，他提出的社会交换基本命题，丰富和发展了霍曼斯的理论。社会交换理论的基本信条是个体与群体间的关系会随着时间的推移演变为信任、忠诚和共同的承诺。为此，各方必须遵循交换的"规则"，规则和标准是交换过程的"指导方针"。"互惠（reciprocity）"是其中最广为人知的交换原则。为了达成互惠，各方也可以通过谈判（negotiated rules）来确定规则（Cook & Emerson, 1978; Cook, Emerson & Gillmore, 1983）。Meeker（1971）指出，人际的交换行为可以被看作个人决策，同样需要相应的规则来引导人们所做的决定。Meeker提出互惠性（reciprocity）、理性（rationality）、利他性（altruism）、群体获利（group gain）、待遇一致性（status consistency）和竞争（competition）六种方式。

在研究社会交换关系时，不同学科研究重点各有侧重。不确定性因素、合作行为和风险评估是经济学的研究重点；交换双方的心理感受是心理学的研究重点（Scott, 1987; Lopes, 1994; Neves & Caetano, 2006）。迄今为止的现代管理研究中，社会交换理论被更多地应用在工作场所的关系上（Shore, Tetrick & Barksdale, 1999; Shore, 2004）。社会交换理论模型指出工作场所的前摄条件导致了人际的联系，从而引出了"社会交换关系"（Cropanzano, Byrne, Bobocel & Rupp, 2001）。当雇主"关照他的雇员"时，社会交换关系随之演化而成，双方产生互惠的结果。也可以说，社会交换关系是一个媒介：当雇佣双方关系紧密时，产生有利的和公正的交易。这种关系又会给员工带来有效的工作行为和积极的工作态度。这条推理主要来自布劳（1964）的社会交换关系的分析框架。

工作需求—控制—支持模型（Job Demand-Control-Support Model，DCS）被公认为是20世纪后期最重要的模型之一。最初，Karasek（1979）提出工作需求—控制（JDC）模型，归纳了工作情境中的两个重要变量：工作需求和工作控制。工作需求是主要的压力源，被定义为工作环境赋予人的重任及负担，包括工作量、工作节奏和工作时间（Karasek，1979；Finey，Stergiopoulos，Bonato & Dewa，2013）。工作控制则指能够用来抗衡工作需求的资源（Karasek，1979；Toker，Shirom，Melamed，& Armon，2012），被定义为人们能够安排工作计划和控制工作时间的自主性（Breaugh，1985；Peng，Hwang，& Wong，2010），以及员工掌握新知识，提高技能，发挥创造性等其他方面。Johnson和Hall（1998）提出了工作需求—控制—支持（JDCS）模型，将非正式的工作支持整合到JDC模型中。在JDCS模型中，与工作相关的来自主管和同事支持的强弱会使人产生集体感或疏离感。在JDC模型中，工作需求与工作控制联合作用产生工作压力。图2-1中代表工作压力的虚线对角线随着工作需求的增加而增加。代表学习的实线对角线则表示，如果个体的控制能够适应工作需求的挑战，则可以胜任工作。Johnson 和 Ellen（1988）将社会支持（Work-related social support）加入JDC理论框架，形成工作需求—控制—支持（JDCS）模型。所谓"社会支持"是指员工从主管和同事之中获得有利的互动。社会支持与工作控制所表现出来的作用类似，高水平的工作支持有助于人们产生归属感和集体感，而低水平的工作支持使人产生疏离感，可能对个人的压力反应具有缓解或强化的效应。

大量关于敬业度的研究都使用工作要求—资源模型（the Job Demands-Resources Model）作为理论框架，特别是那些认为敬业度是与工作倦怠对立的学者们更是如此。因为工作要求—资源模型（以下简称JD-R模型）（图2-2）将工作倦怠和敬业度作为两个独立构念整合在一个模型中。JD-R 模型将工作分为工作要求（Job Demand）和工作资源（Job Resource），分别研究它们对工作倦怠和敬业度的作用。JD-R模型假设员工的敬业与否来源于其所获得资源的内在动机。所谓资源可以区分为以下两种：（1）工作资源：为达到工作目标、降低工作要求、激励个人成长和发展的各种工作要素（如工作反馈、工作控制和同事间的社交支持）。
（2）个人资源：个人本身具备的能够较好地控制和影响身边环境的能力以及遇到挫折的自我恢复能力（如自我效能、积极乐观和情绪稳定）。

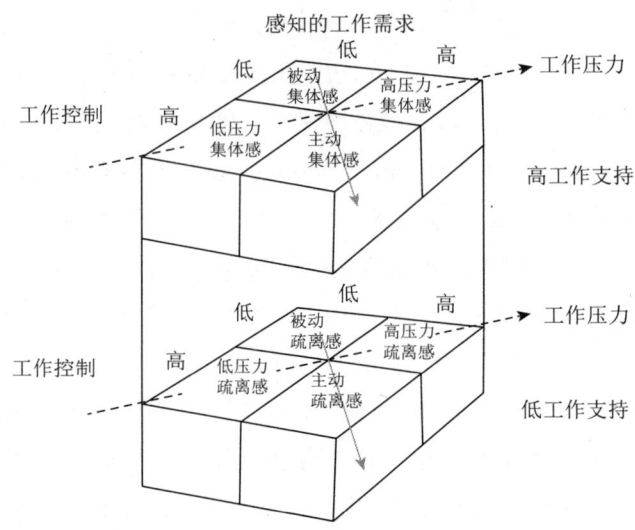

图2-1　工作需求—控制—支持模型

资料来源：Jeffery V. Johnson & Ellen M. Hall. Job Strain, Work Place Social Support, and Cardiovascular disease: A Cross-Sectional Study of a Random Sample of the Swedish Working Population

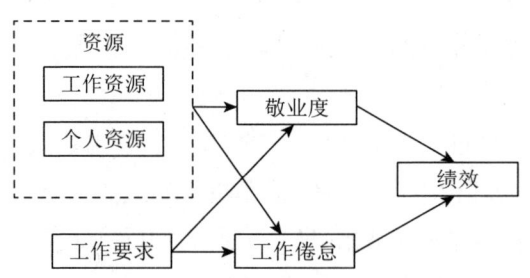

图2-2　工作要求—资源（JD-R）模型

资料来源：Melamed, Shirom, Berliner & Shapira（2006）Burnout and risk of cardiovascular disease: Evidence, possible causal paths, and promising research directions

根据JD-R模型，资源可以激励员工，促进他们在工作中的坚持，并让他们更加专注于工作。或者换一种说法，资源在活力、奉献和专注三个维度上培养了员工的敬业精神。此外，JD-R模型假设敬业度正向影响工作绩效等结果变量，即敬业度在工作和个人资源与绩效方面起到中介作用，是一个积极促进的过程。JD-R模型底层的工作要求则是一个负面的破坏性过程。员工在工作中所承受的体力、心理、精神等成本。当工作量过大、时间压力、角色冲突和在工作中充斥着各种繁文缛节时，员工不得不为了不降低绩效而多花精力来应对，这种补充性的投入不可避免地伴随着身体和心理上的疲劳与易怒，员工往往会产生焦虑、压抑、倦怠等负面情绪。从这方面说，工作倦怠可以导致抑郁、心血管疾病或其他心理疾病（Melamed，Shirom，Toker，Berliner & Shapira，2006）。

JD-R模型中，我们还可以看到在上层的促进过程与下层的破坏过程之间也存在着交叉联系。较少的资源可能引发倦怠，然而工作要求，比如有挑战性的工作也有可能提高员工的敬业度（比如限定的时间、工作量加大和提高的工作责任），能够激发员工的主动性，通过努力可以提高个人能力、实现个人成长和获得相应的利益。相反，工作角色冲突、工作中的繁文缛节和各种麻烦争吵等阻碍员工个人成长的工作要求，则会对敬业度产生影响。Crawfor（2010）对64个独立样本的元分析得出，工作要求与倦怠正相关，与敬业度的关系则根据工作要求的性质而产生不同影响：负面的要求阻碍敬业度，而具有挑战性的要求对敬业度有促进作用。

大量的实证研究对JD-R模型进行了检验。Sechaufeli & Taris 在7个国家进行的16项横向研究中发现敬业度与工作倦怠的完全中介作用12项，部分中介作用4项。并发现了较差的工作资源与倦怠的交互作用，不过横向研究中并未证实二者之间的因果作用，即不能证明高水平的敬业对员工获取资源更有利。在对芬兰牙医为期3年的追踪调查发现，JD-R模型既支持了积极的促进过程，也支持了对员工健康的破坏过程。工作资源影响着员工将来的敬业度，预示组织承诺。工作要求导致员工的倦怠，随之而来的是精神的抑郁与低落。不过相反的因果关系并未被证明。也就是说，既不是倦怠也不是敬业度导致的（Hakanen，Schaufeli & Ahola，2008）。在对荷兰经理们做的类似研究发现，一年间，增加的工作要求和降低的工作资源引起了员工的工作倦怠，而资源的增加提升了员工的敬业度（Schaufeli，Bakker & Van Rhenen，2009）。

另外，根据对澳大利亚一家大学的教职工所做的一项跟踪调查显示，工作资源对员工心理压力的负向作用和组织承诺的正向作用，却没能证明工作要求对压力的影响作用（Boyd，Bakker Pignata，2011）。最后一项历时18个月的纵向追踪研究，（Xanthopoulou，Bakker，Demerouti和Schaufeli，2009）发现，个人资源（如自我效能、乐观和以组织为主的自尊）和工作资源（如控制、主管指导、反馈和发展机会）对随后出现的敬业度产生影响。JD-R模型中对于工作绩效的动态过程也为学者们所关注。除了员工可获得的资源——激发工作参与——员工敬业度——积极的工作结果这一路径外，工作绩效—员工敬业度—工作和个人资源这一反馈回路也存在（Salanova，Schaufeli，Xanthopoulou & Bakkr，2010）。即良好的绩效反馈给员工更多的资源。比如，一名敬业的员工成功地完成了他的任务，不仅增加了个人自我效能的水平（个人资源），还会从上级那里得到正面的反馈（工作资源）。Weigl，Horning，Parker et al.（2010）也在敬业度与工作资源（工作控制和社交支持）和个人资源（积极应对）中发现了螺旋上升的关系。所以，我们可以说，敬业度导致了所获资源的增加，反之亦然。

第二节　工作生活质量研究进展

工作生活质量（Quality of Work Life，QWL）最早在20世纪50年代提出，但它正式作为一个概念和专业术语被广泛认可，是在1972年美国举办的有关工作生活质量的国际会议上。第二年成立的工作生活质量国际委员会，有力地推动了工作生活质量的发展进程。也有人说Mill（1978）第一次正式提出"工作生活质量"这一术语，并建议把它移入工会和企业管理的词汇表中正式使用。当时尽管对工作生活质量没有一个特别明确的定义，但它被作为一个衡量员工幸福感的构念得到了广泛的认同。这是由于"二战"后，随着西方发达国家经济迅猛发展，企业管理实践的焦点由生产技术和工作方法的改进逐渐转移到注重员工生理及心理需求的满足。劳动者素质的提高也为他们争取更多的权益创造了条件。工作生活质量是一个复杂、多维的构念。虽然经过多年的研究，但由于各研究者的研究目的、涉及范围不同，目前还没有完全一致的概念。国内学者对工作生活质量研究起步较晚，从20世纪90年代台湾学者开始对此有所研究。大陆学者则大约在10年后开始涉足这一领域。40多年间，国内外学者从不同角度对工作生活质量（QWL）进行了诠释。20世纪70年代前，工作生活质量的研究着重在工作环境的影响，对于工作生活质量概念的全面描述在Levine（1984）和Walton（1974）的著作中有所记载。20世纪70年代后，工作生活质量研究转向提高组织绩效（Znadler & Lawler, 1983），并逐渐扩展到员工在组织中需求被满足的程度，即员工对工作的满意度（Efraty & Sirgy, 1990）。这些定义大致可以分为三类：

一是强调个人在工作中获得的物质与精神方面的满足感，主要指工作及环境对个人的影响，是其主观经验的体现。Ahamed（1981）、Shamir和Salom（1985）、Nirenberg（1986）、Cascio（1989）、Kaushik和Tonk（2008），以及台湾学者陈家声、樊景立（2000）、张德川（2006）、大陆学者王晓莉（2008）各自对工作生活质量的定义中，都包含了人们对在其工作中各个领域的感受，产生对于劳资双方关系及整体工作环境的主观性评价，不同的人对同一事物会产生不同的感受，这种以"主观感受和知觉"为主要特征的定义，存在主观性强的缺陷。

二是强调价值观和理念。关注工作对员工和组织效能的影响以及员工参与企业决策的过程。倾向于"工作生活质量是一个企业的组织文化与管理形态的代表员工在其中享有自我控制、责任感及自尊"（Schuler, 1987）。Robbins（1989）定义工作生活质量为"组织为回应员工需求，允许员工在决策中充分参与，设计自己的工作生活而建立的某种机制"。据此，我们发现，工作生活质量是一种理念、一套原则，即人是组织中最重要的资源，他们是值得信赖，勇于承担并能够为组织做出巨大贡献，他们应当被组织所尊重。Hall和Goodale（1986）指出"工作生活质量是一种过程，它可以使工作者参与和本身有关的决策"。我国学者刘军（2004）也与Hall类似，即"组织成员通过与组织目标相适应的公开渠道交流，有权影响决策，使人们拥有更多的参与感、更高的满意度和更少的精神压力的过程，有助于改善工作。沟通、民主参与、人际关系、以人为本的人性化管理等理念"。这种以"理念、过程、目标"为特征的工作生活质量具有不断变化的动态过程。研究中的实际操作难度很大。

三是认为工作生活质量是企业一系列的改进方案与措施。Waltoni早在1975年提及工作生活质量时，把它定义为"组织通过改善管理机制满足员工需求的过程"。继而Carlson（1980）指出，工作生活质量是一项活动、一系列的组织干预处置和员工的一种工作体验。通过组织干预，改善组织效能与组织成员福利（张成福、党秀云，2001）。企业在日常管理中鼓励员工参与管理，调动员工工作积极性，以达到提升企业绩效的目的。这类以"方案、途径、措施"为特征的定义，层次不够丰富和完整（卿涛、丛庆，2010）。

总结国内外学者对工作生活质量定义和内容结构的划分，以及针对与顾客面对面服务的一线员工的心理、工作特征以及文化等特点加以思考，本研究界定的面对面接触顾客的服务行业员工的工作生活质量是指员工在从事本职业工作、人际交往等过程中的心理感知与评价。以员工工作体验为切入点进行研究。

从现有文献中我们总结出，工作生活质量可以被看作一个宽泛的概念，其核心是员工对工作的满意、参与管理和改进工作环境。学者们对工作生活质量（QWL）内容结构的研究比定义QWL更有兴趣，因为大家普遍认为对内容结构的研究要比单纯地下定义更具有现实指导意义。国内外学者对工作生活质量的维度划分见附录1。不同学者根据研究需要从不同角度定义工作生活质量（QWL）的维度，通过比较发现，随着时间的推移，学者们对工作生活质量的维度划分根据不同的经济发展阶段也在发生变化。

20世纪60年代，工作生活质量（QWL）研究刚刚兴起时，学者们一度把员工工作满意度作为分析和评价工作生活质量的标准（Levine，1984），后来这一观点遭到了普遍的批评。工作生活质量不同于工作满意度（Quinn & Shephard，1974；Davis & Cherns，1975；Hackman & Suttle，1977；Kabanoff，1980；Near，1980；Staines，1980；Champoux，1981；Kahn，1981；Lawler，1982）。这是因为工作生活质量不仅强调员工的工作满意度，同时还特指工作对员工身心、健康和发展的作用，以及工作对员工工作以外的面对生活的正向积极作用，涵盖范围更广。它的概念层次包括生活满意度（最高级）、工作满意度（中间层级）和对工作特定的某一构面的满意度，比如对薪酬的满意、同事、上司关系等各方面。（Danna & Griffin，1999；Sirgy，2001）。另外，工作满意度仅是员工的主观感受，个体主导性强。而工作生活质量既有员工主观感受，也有理性的客观标准，可以进行客观的测量与横向、纵向比较。所以，良好的工作生活质量正向影响员工的工作满意度，使之具有稳定性和持续性，工作满意度是工作生活质量诸多结果变量中的一个（Bretz & Judge，1994；Hall，1970；Porter，1961；Tait，1989；刘海玲，2006）。20世纪

70~80年代，工作生活质量更关注薪酬、工作安全与健康、离职率等要素。根据马斯洛的需求层次理论，当时对工作生活质量的关注尚停留在生存需求的较低层次，人们为了谋生奋斗，工作被认为是员工用体力和智力换取工资的交换过程，人被当作支持组织运转的"工具"使用。而后，随着经济的不断发展，工作生活质量倡导的人性化管理，让员工从长期压抑的情绪中解放出来，其维度也随之丰富起来，涉及员工的公平对待、参与管理、自我发展等组织层面的维度。虽然学者们关注角度不同，但总体来看，对工作生活质量的划分维度无外乎三个层面：个人维度、工作维度和组织维度。每个维度下又包括各自的具体内容，集合起来形成了员工总体的工作生活质量。

在对工作生活质量（QWL）定义和维度不断深入研究的基础上，学者们也对工作生活质量与其他变量的关系进行了大量的实证研究。其中关于其前因和结果变量的研究，有助于深化对工作生活质量的理解，也为研究工作生活质量与员工绩效关系的建立提供了理论基础和实证依据。研究主要体现在两个方面：一是针对工作生活质量影响因素的研究，二是研究工作生活质量对企业管理的影响作用。总体来看，前者的研究较多，后者的研究比较缺乏。

工作生活质量（QWL）的前置变量，主要针对工作生活质量影响因素的研究。归纳起来，主要有三类：（1）个人因素。国内外学者从性别、年龄、受教育程度、婚姻状况、所处行业、职业生涯等方面研究其对工作生活质量的影响（Wileoek & Wright, 1991；Weiner & Jeffier, 1992；Codero Farris & DiTomaso, 1988；黄文贤, 1991；潘士铭, 1998；黄婉菁, 2003）。员工年龄显著影响着其对工作生活质量的期望（Manz, 1992）。Raduan Che Rose（2006）发现，已婚和工作年限长的员工工作生活质量更高。我国学者在这方面的研究主要针对教师群体。堪华、吴成军等（2007）对高中教师工作家庭冲突与工作生活质量的研究发现，工作家庭冲突和家庭投入对工作质量有负向影响，而工作参与对工作质量、生活质量有正向影响。Ka Wai Chan和Thomas A. Wyatt（2007）通过实证研究发现，员工在生活中较高的负面情感将导致较低的工作生活质量。Tho D. Nguyen（2012）对越南胡志明市125名营销人员调研发现，心理资本显著影响员工的工作生活质量。Abigail Opoku Mensah（2013）针对服务业员工，选取了加纳15家财务公司、7家保险公司、2家高等教育机构，400多名员工进行问卷调查，研究发现自我效能、受教育水平与员工的工作生活质量之间存在很强的正向相关关系。Francis（2009）运用资源保护模型检验情绪劳动、工作家庭冲突与工作生活质量的关系。对香港15家企业的442位从事面对面接触的服务企业员工进行配对样本调查发现，工作家庭冲突对员工情绪劳动的表层动作影响显著，工作生活质量在其中起到部分中介作用。（2）工作因素。Sue Ling Lai（2012）研究发现，工作量会对员工工作生活质量产生影响。工作量过大，会使员工感知工作生活质量下降。工作自主性是指一项工作给任职者在安排工作内容、确定工作程序方面实际提供了多大的自由度、独立性及自主权。Gauri s. Rai（2013）对美国南部10个护理公司的511名护士就其工作生活质量进行调查发现，工作自主性和开放、良好的沟通对护士们工作生活质量产生正向影响。自由、选择、独立、开放和良好的沟通改进了员工的工作生活质量，沟通不限于员工间或与主管间就具体工作而言的交流，还包括企业与员工间就预算、管理政策和工作标准、发展规划及新项目等重大事项的沟通，这才体现了管理过程中民主的真正价值。总之，专业相关性、工作自主性、工作安全感、工作压力等都会影响员工的工作生活质量（Kahn，1972；Taylor，1973；Deutsch，Albrecht，1983；Cascio，1998）。（3）组织因素。前人研究发现，组织氛围（Walton，1974）、公平（Shamir & Salomon，1985）、薪酬福利、奖惩制度（D.R. Saklani，2004）等也会对员工的工作生活质量产生影响。Nicolas Gillet（2012）发现，变革型领导可以提高员工工作生活质量，组织公平起到完全中介作用。工作生活质量进而影响员工的敬业度。Yolandi van der Berg（2013）对282名南非的销售人员调研发现，人力资源管理实践与工作生活质量之间存在较强的相关关系。经理们应该更加关注员工提出的与工作有关的需求，对此在管理实践过程中有所改进，以此在企业中建立良好的信任关系，这样做有助于提高销售人员工作生活质量，进而提高其工作满意度。Harris 和 Mosshold（1996）指出，企业文化直接或间接影响工作生活质量，而员工工作生活质量的提高，有助于提高组织有效性。因为每个企业的文化都是独一无二的，对企业文化的研究，在探讨组织有效性方面被认为特别重要（S.M. Lee & Kim，2002）。Ji-Young An（2011）对韩国一家临床医院145名护士的调查发现，企业文化对于提高员工工作生活质量起到明显作用，这与西方学者的研究结果一致（Gifford et al.，2002；Harris W Mossholder，1996；Quinn & Spreitzer，1991）。并且，Ji-Young An（2011）还将工作生活质量作为中介变量，测量得出工作生活质量正向影响组织有效性（即工作满意度和组织参与），再次验证了前人的发现。

　　研究发现，较高工作生活质量的员工拥有较高水平的组织认同、工作满意度、工作绩效和较低水平的离职率和人际疏离感（Carter，1990；Donavan，2004；Efraty & Sirgy，1990；Efraty，1991；Hombury & Stock，2004；Lewellyn & Wibker，1990）。员工在工作中个人需求的满足会对个人绩效、组织生产率、利润率、销售额、组织承诺、组织认同、组织忠诚度、工作参与、自尊、离职率和缺勤率等产生影响（Havlovic，1991；Labiris，2002）。Lau 和 May（1998）发现，员工工作生活质量越高，其公司销售收入、资产和利润率越高；工作生活质量正向影响公司财务指标（May，Bruce E，Lau，R.S.M，1999）；Stephen J. Hvlovic（2000）研究表明较高的工作生活质量明显减少缺勤与抱怨、降低事故发生率和离职率。我国学者孙泽厚（2009）发现知识型员工工作生活质量越高，离职率越低。同时他发现，工作生活质量与工作幸福感存在较强的正相关关系，即员工工作生活质量越高时，他越来越感觉到工作给他带来的乐趣。同样，Ya-Wen Lee（2012）对台湾7家医院的1283名护士的调查得出，护士们的工作生活质量能够很好地预测其离职倾向。王奋、张京（2006）通过对我国IT行业员工调查，分析了员工个体属性与工作生活质量对组织财务绩效与非财务绩效的作用关系，研究发现员工的工作生活质量对组织绩效有正向影响作用。刘海玲（2006）的实证研究发现，高工作生活质量组员工的组织承诺显著高于低工作生活质量组员工。Normala（2010）对马来西亚15家公司的500名员工进行调研，用员工参与、成长和发展、物质环境、主管关系、薪酬福利和社会相关性七个维度构成的工作生活质量，研究结果其正向影响组织承诺。P. Yukthamarani Permarupan（2013）也同样发现，员工感知较高的工作生活质量，会引发他们较高的工作参与和对组织的情感承诺。Ka Wai Chan 和 Thomas A. Wyatt（2007）对上海8家涉及银行、保险、航空、财务和进出口公司的319名员工调查发现，由于溢出效应，员工在工作中的体验将影响其非工作领域。较高的工作生活质量将导致较高的工作满意度、生活满意度、整体幸福感、情感承诺和较低的离职意愿。Tho D. Nguyen（2012）通过实证研究也发现，工作生活质量正向影响员工的生活质量和工作绩效。

第三节　工作绩效研究进展

一、工作绩效相关理论研究

员工工作绩效典型地被定义为"为实现组织目标，个体采取的行动和行为"（Rotundo & Sackett, 2002）。Bate和Holton（1995）指出，绩效是一个多维度的概念，对于绩效的测量根据需要各有不同。这一观点得到绝大多数绩效研究学者的认可。它可以被认为是对取得的工作结果的记录。对个人来说，是指一个人完成工作的记录。Kane（1996）认为绩效是员工离开工作后留给组织的东西。Bernadin等（1995）则强调，"绩效与企业的战略目标，顾客满意度和经济贡献都密不可分，应该被定义为工作的结果"。工作绩效宽泛而言，就是一个标准问题（Campbell, Oswald & Gasser, 1996），是个体为实现组织目标的行为和表现（Rotundo & Sackett, 2002）。对工作绩效的界定是一个循序渐进的过程，多年来学者们通过研究积累，对工作绩效的界定主要持有以下三种观点：

（一）绩效结果学说

牛津字典对绩效的定义是"对被命令或者需要承担的任务的完成、执行、贯彻的结果"。一个人工作成绩的记录是绩效工作所达到的结果。绩效是在特定时间内，由特定的工作活动或职能产生的记录（Bernardin & Beatty, 1984）。虽然工作绩效会受到能力、动机和情境的约束，但是结果才是最好的评价依据。Gilley（2005）认为绩效是完成任务的结果，与产出、成就或结果同义。此外表示绩效结果的相关概念还有诸如职责（accountabilities）、责任（duties）、结果（results）、任务和活动（task and activities）、关键结果（key result areas）、目标（goals or targets）、目的（objectives）生产量（outputs）和关键成功因素（critical success factors）（仲理峰，2002）。许多学者对工作绩效是结果的观点提出质疑，认为工作结果除了个体自身的努力外，还有很多其他因素在其中发挥作用，并不一定是由个体行为自发产生的，不排除其他因素对绩效的影响，仅看重结果有失公平，也不利于企业长期发展战略的实施。因为这种做法易导致组织过分强调短期利益，增加员工内部无谓的竞争。

（二）绩效行为学说

Campbell（1990）倡导绩效是一种行为，应该从工作结果中被区分出来，因为绩效很可能会被组织的一些体制因素影响。过分关注结果会狭隘地定义绩效，从而忽略了工作过程和人际关系的重要作用，误导员工。Murphy（1989）认为绩效是个体为达到组织目标的与工作相关的行为，既包括生产性（productive）行为，又包括反生产（counterproductive）行为，即不利于组织目标的行为。Rotundo和Sackett（2002）对工作绩效的定义更加明确："个体控制下的对组织有所贡献的行动或行为。"

（三）绩效综合学说

Brumbrach（1988）提出："绩效既包括行为也包括结果。行为出自执行者，通过绩效把抽象的概念转换成行动。即个人应用到工作任务中的脑力与体力的综合。"这一定义道出组织在管理团队和个人绩效时，行为（输入）和结果（输出）都需要被综合考虑。这被称为绩效管理的"混合模式"（Hartle，1995），既包括个人的能力水平，也包括设定目标的完成情况。

工作绩效是研究最为广泛的变量（Podsakoff, Rich & MacKenzie，1995）。但长久以来，由于其研究范围包含庞杂的行为因素，绩效维度结构的理论也层出不穷，未能形成统一的结构模型。过去大多数组织仅评价员工多么好地完成工作职责上列出的任务，而当今组织呈现出的管理层级减少、以服务为导向的趋势，势必对员工有了更多的要求。学者们确定了以下三种主要行为类型，构成了工作绩效：（1）任务绩效（task performance）指履行有助于生产某种产品、服务，或有助于管理活动的任务和职责。一般包括传统的工作职责中的大部分工作任务。（2）公民行为（citizenship）指有益于组织心理氛围的行为。比如自愿帮助他人、支持组织目标、尊重同事、提出建设性的意见以及宣扬工作场所中的积极事物。（3）反生产力行为（counter-productivity）指对组织有害的行为。包括偷盗、损坏公司财产、挑衅同事以及无故缺勤。

大多数管理者认为前两个维度表现出色，避免第三个维度的行为是好的工作绩效。在大多数企业中，一个在工作任务上表现出色，但对待同事粗暴、带有攻击性的员工不是一个好员工；同样，一个和蔼可亲、乐观向上的员工如果无法完成主要的工作任务，也不会被视为好员工。另外，现代企业在生存发展过程中需要不断地变革与创新，也需要劳动者在工作中能够及时适应各种变化。Allworth 和Hesketh

（1997）首次提出适应性绩效（adaptive performance），即随工作要求和环境变化而变化的各类行为。适应性绩效中员工的工作表现强调的是能力的获得，而任务绩效和周边绩效反映的只是能力的表现。

组织总是希望员工工作中能够从事多种活动，扮演多种角色，如热心帮助新来的员工，主动承担困难的任务等。虽然这些活动未必与他们个人的工作任务直接相关，却是组织健康发展必不可少的情境活动（contextual activities），它对工作任务的完成具有很好的促进作用。Borman 和Motowidlo就此提出了情境绩效（也可称为关系绩效、周边绩效）与任务绩效（task performance）的二维绩效模型。任务绩效指对提高组织效率有直接影响的、组织所规定的行为与特定的任务。个人的行为和活动支持组织的"技术核心"，涉及技术过程的执行或维护。Campbell（1990）定义任务绩效是指个体能够控制的，对实现组织目标有贡献的表现与行为。角色内绩效（In-role job performance）是指员工工作职责规定必须完成的，组织依此进行评估、奖励的行为。为了达到组织经营目标，这一系列的规则与程序使得组织可以预测、管理、控制员工行为。工作熟练程度是个人绩效评估的标准（Borman & Motowidlo, 1993; Motowidlo & Van Scotter, 1994）。任务绩效的两个显著特征是行为和活动必须是与工作密切相关的，且绩效水平通过执行者的知识、技能和能力水平可以被预测（Borman, 2006）。组织通常以工作说明书的形式正式告知具体的工作任务。90年代以前的工作绩效研究主体多为任务绩效或角色内绩效是研究的重要内容（Christensen, 2009）。其实二者内容相似，只是分类不同而已（刘枭，2011）。不同于任务绩效的强制性，情境绩效是指一系列自愿的、人际间、面向组织或团体的行为。它能够营造出一个良好的心理和社会环境，有利于组织整体任务的完成。组织公民行为（Organizational Citizenship Behavior，OCB）概念进入人们视野后，情境绩效的概念随之产生。Borman和Motowidlo（1993）认为仅仅针对工作任务的绩效评估有所偏颇。它忽略了诸如坚持、助人和对组织目标的认同。情境绩效与特定的工作任务无关，而是员工自发的行为，它可以为特定任务提供广泛的、组织的、社会的和心理的环境，在提高组织效率中发挥很大作用。如今对于情境绩效的研究，很大程度上有超越单纯地对任务绩效的研究（Arvey & Murphy, 1998）。现代企业中，严格按照工作说明书规定的任务执行已远远不能达成组织目标，更加需要员工间的相互支持（Conway, 1999）。情境绩效概念的引入扩展了工作绩效的范围，在面对面接触顾客的服务行业员工更是如此。据此，本研究也把一线服务员工的工作绩效分为任务绩效和情境绩效两部分。其中任务绩效（task performance）等同于角色内行为（in-role performance），情境绩效等同于组织公民行为。以下对组织公民行为的概念、维度和测量进行文献回顾与梳理。

组织公民行为（Organizational Citizenship Behavior，OCB）概念由Barnard（1938）"合作的意愿"和Katz（1964）"创新的和自发的行为"提出，但OCB作为被人们正式接受的概念还是Organ（1988）所下的定义："组织公民行为是员工自愿的行为，虽然没有正式的被组织奖励机制认可，却积极推进组织的有效运作。"这一定义包含三层含义："员工的行为本质上是自愿的行为"，是指不是雇佣合同中明确规定的条款，而是员工个人的选择，非强制执行的角色要求或工作描述，即使没有履行也不会被惩罚。组织公民行为提出后，学者们发现它与其他概念有重叠，易发生混淆。特别是角色外行为和情境绩效。情境绩效与组织公民行为最为类似，也包括谦恭有礼、公民美德、服从和运动员精神等维度，但是不像组织公民行为，情境绩效可能会被组织奖励（Emily Ma et al.，2013）。由于组织公民行为与情境绩效间存在过多的重叠成分，以至于给研究者带来混淆（Motowidlo，2000）。众多学者认为情境绩效与组织公民行为可以互换（P. M. Podsakoff，MacKenzie，Paine &Bachrach，2000）。Organ（1997）也提出将情境绩效重新定义为OCB，因为感觉情境绩效这一术语听上去"冰冷、灰暗和苍白"（Organ，1997）。关于角色外行为，强调的是员工的行为"超越了工作要求的范围"，这可能会造成角色外行为和组织公民行为之间的混淆。但是Graham（1991）指出，角色内行为与角色外行为的区别不能作为区分OCB和其他行为的标准，因为不同人之间、不同工作间和不同的组织对角色内与角色外行为的解释不同。而且，现代工作角色正在变得边界模糊，需要主管与下属经常性地商议，所以早期研究中仅把OCB当成角色外行为的观点越来越受到质疑。

组织公民行为的维度，各位学者观点不一。Organ（1988）提出的5维度分类，依此开发出22道题项的量表，得到学者们的广泛认同和采用。这5个维度分别是：（1）利他主义（Altruism）：也被称为"助人"行为。是指员工无私地关心他人的福祉。比如，主动帮助缺勤的同事完成任务，或是帮助工作量大的同事完成任务，或是主动提醒同事，防止其在工作中发生错误。（2）尽职行为

（Conscientiousness）：简单地说就是"负责"。是指员工的表现超过组织的基本要求标准，如即使没人监督，也能遵守公司规定，不偷懒。（3）运动员精神（Sportsmanship）：是指员工在不理想的环境中，不抱怨环境不佳，仍然保持积极的态度去面对。当遭遇别人轻视时能够泰然处之。个人也会为了集体利益而牺牲自己的利益。（4）谦恭有礼（Courtesy）：是表示员工用尊敬的态度来对待别人。尊重他人分享资源的权利。在开始一个可能会影响他人的行动前，提前告诉他人，考虑到自己行为对他人的影响，以缓和矛盾（Organ，1988）。（5）公民美德（Civic Virtue）：是指员工主动关心、投入组织的政治或管理活动中。比如参加不是必需的会议、主动阅读组织内部文件，关心组织重大事件，对组织发展提出建议等。

  Graham（1991）对组织公民行为提出了三种类型，分别是：（1）组织服从（Obedience）：是指员工认同并接受组织的规章制度、工作职责和人事政策。服从可以被看作员工尊重组织规则、按时出勤、完成指定的任务并尽责的处理组织资源。员工绩效评估里典型地列有这类行为（Bienstock，2003）。（2）组织忠诚（Loyalty）：是对组织整体的忠诚感。表现为当组织受到威胁时为其辩解、保护其良好声誉和为维护组织利益采取的合作行为（Van，1994）。（3）组织参与（Involvement）：是指投入组织管理中，代表性行为包括参加非必须出席的会议，与他人分享新想法和随时了解组织的事务（Bienstock et al.，2003；Van Dyne et al.，1994）。除此之外，学者们对组织公民行为结构维度的研究众说纷纭。

  高质量的服务传递是服务业面临的重要挑战之一（Lazer & Layton，1999）。许多企业绞尽脑汁考虑如何保证一线服务人员能够为顾客提供优质服务。一些面对面接触顾客的企业制定了详细的服务指南，以回应员工可能遇到不同的服务接触（Victorino & Bolinger，2012）。但是，有时顾客的需求和期待各有不同，服务指南不可能穷尽所有服务接触中遇到的问题。而且尽管工作说明表述清晰，但在服务传递中却会有更多的变数和自主性。因此，为了提高顾客满意度，在员工与顾客互动过程中的组织公民行为研究显得至关重要。那些不介意做了"超越了他们工作职责标准"的员工被称为"组织公民"（Organ，1988）。虽然这些"公民"可能是帮助同事（比如，帮助新同事完成他的工作任务），或者是帮助组织（比如，员工随手关掉公司走廊忘关的灯），但是服务业中绝大多数的组织公民行为是一线员工针对顾客采取的互动式、顾客导向的行为（比如，发现客人生病了，酒店的服务员会给予特别的照顾；当酒店前台服务员工作忙碌时，门童会来帮忙协助解决客人的问题）。这些重要的顾客导向的行为应该被扩展到组织公民行为中。根据员工行为的目标，最初的组织公民行为的维度由利他主义和服从两部分组成："利他"面对的是个体同事，"服从"面对的是组织（Smith，Organ & Near，1983）。Williams 和 Anderson（1991）据此将5维度的组织公民行为归纳为针对组织的OCB-O和针对个人的OCB-I的2维结构。OCB-O融合了尽职行为，运动员精神和公民美德的内容，OCB-I融合了利他行为和谦恭有礼。但是，这些维度都是强调员工的组织内部行为，并没有对外部的顾客起到任何作用。

顾客对于服务企业的重要作用不容置疑，许多学者建议对于服务企业员工的组织公民行为的研究应该加入顾客导向或服务导向的内容（Borman & Motowidlo，1993；Podsakoff & MacKenzie，1997）。在填补这一空白的过程中，Dimitriades（2007）定义顾客导向的组织公民行为（Customer-oriented OCB，CO-OCB）为"为了提供优质服务，提高顾客满意度，员工所做的超出其工作范围的、有利于顾客的行为"。Fernández-Sabiote和Román（2005）的定义是"为顾客感知的、员工自发行为，行为的结果提高了组织效率"。事实上，为了让顾客满意，员工从事的非工作范围之内的活动，创造性地帮助客人解决突然出现的问题（Bitner et al.，1990；Carlson，1987），帮助同事以便更好地为客人提供优质服务（Gronroos，1995），以及为提高服务水平主动献计献策（Bowen & Lawler，1992）。这些CO-OCB行为也回应了Organ（1988）OCB中的尽职行为、利他主义和公民美德维度的内容。

在对文献梳理中，发现一些概念与结构与CO-OCB类似，如服务导向的组织公民行为（Service-Oriented OCB）、服务导向行为（Service-Oriented Behavior）、顾客导向服务行为（Customer-Oriented Service Behavior）、顾客导向利他行为（Customer-Oriented Prosocial Behavior）、顾客导向利社会行为（Customer-Oriented Prosocial Organizational Behavior，POB）。这些概念有的是从顾客在服务接触过程中，对员工服务行为感知的角度提出的。而本文研究的视角则是从企业经营视角，即以满足顾客需求为起点，以不断提高顾客满意度为根本，从管理者的角度评估员工顾客导向的组织公民行为。

Cran（1994）提议服务导向的组织公民行为应该包含热情、彬彬有礼的举止、满足顾客需求，为其提供高质量服务的意愿。Morrison（1996）开发了7个题项的

CO-OCB量表包括利他主义、尽职行为和公民美德3个维度；Bettencourt和Brown（1997）将CO-OCB分为角色外顾客服务、角色规定的顾客服务与合作3个维度；Bettencourt，Gwinner和Meuter（2001）开发了16道题项的CO-OCB量表，分为忠诚、服务传递和参与3个维度。J. S. Lin（2011）用此量表检验了组织氛围在组织支持和服务导向OCB间的调节作用。Williams和Anderson（1991）提出的顾客导向的组织公民行为（OCB-C）研究框架中，只有服务传递一个维度是针对外部顾客的。Dimitriades（2007）开发了7个题项的CO-OCB，例题如"为了服务好顾客，员工自愿做没被要求的工作"。Ma和Qu（2013）以酒店业为研究背景，提出3维度的组织公民行为量表（OCB-O，OCB-I，OCB-C）将顾客导向囊括其中，即员工对组织领导、同事和顾客的组织公民行为，为以酒店为代表的接待业研究员工的OCB做出了有益贡献。

综上所述，鉴于本书的研究对象是服务业中面对面接触客人的一线员工，员工工作绩效中的情境绩效（contextual performance）采用顾客导向的组织公民行为（CO-OCB）进行定义。

二、工作绩效影响因素相关实证研究

就个体层面而言，工作绩效影响因素有性别、年龄、满意度及心理等。

在劳动力人口中，女性所占的比重越来越大（Department of Labor Women's Bureau，2005），但在职业发展进程中，男女之间尚存在差距。Segal（1992）调查显示，尽管教育背景及工作经历相当，仅有3%的职业妇女晋升到高级管理岗位，同工不同酬的现象比较普遍（Stroh，Bret & Reilly，1992）。这种女性职场晋升上的瓶颈可能由于性别歧视和与性别相关的工作优先造成的（Green，Jegadeesh & Tang，2007），并不能说明性别对工作绩效造成的差异。不过，一项对贷款专员的调研显示，女性职员比男性职员的客户违约率要低得多（Beck，2009）。之所以会有这样的差别，研究者分析是女性职员更仔细地审查她们的借款人，由于她们的工作机会来之不易，会产生更大的动机尽量减少工作失误。在控制了借款人特征后，研究者们发现在接受贷款申请者方面，男性职员和女性职员并没有差异。这也许验证了以前研究的假设，即女性职员比她们的男同事更倾向于风险规避。因为研究显示，男性和女性职员在批贷方面并不存在显著差别，对此的解释就是女性职员在管理违约率方面的工作表现确实比男性职员好,为性别差异对工作绩效有影响作用提供了依据。Gree等(2007)分析了美国7900名证券公司的股票分析师发现,在1995年到2005年的十年间,女性分析师人数已从16%下降到13%。另一项发现3.3%的女性在两年内离职。研究者发现,相比男性职员,女性在客服这类非计量类工作中的表现比男性出色。Lyness和Heilman(2006)运用档案数据对高层经理的性别与绩效比较发现,以工作绩效为标准的女性职员的提升要比其男同事严格得多。总之,由于性别带来的工作绩效的差异也许有工作—性别的优先选择和性别歧视的因素掺杂其中,并不能证明员工的性别影响了工作绩效。

年龄与工作绩效的关系也是一些研究者关心的问题,当年长的员工工资超过了他们的生产力,会使组织成本上升(Skirbekk,2004)。身体因素、智力因素、教育程度、工作经验是员工工作绩效好坏的潜在条件。以前的研究表明,随着工龄的增加,员工的收入在提高,工作绩效则从最初的增长、稳定,并在员工职业生涯的后期呈下降趋势(Skirbekk,2004)。Skirbekk(2004)研究发现,50岁以后,员工诸如推理和记忆等能力确实有显著下降,这与Verhaegen和Salthouse(1997)以前的研究结果相同。在年龄与工作绩效的联系的元分析中,Sturman(2003)假设二者之间存在倒U形关系。即员工的绩效在开始时处于较低水平,随着工作经验的增加会有所提高,然而会由于年龄的原因再次下降。Sturman强调,由主管进行的绩效评估是主观的,所以他加入客观的员工生产力指标。由于以往的元分析显示工作绩效与年龄间只存在很少的变异,Sturman在研究中加入了工作经验的作用和任职时间。不过尽管如此,他的假设没有得到支持,原因是没有足够的年长员工的样本。Ng和Feldman's(2008)对工作绩效10个维度(核心任务绩效、创造力、培训工作、组织公民行为、安全生产、反生产工作行为、工作场所的挑衅行为、辱骂行为、工作拖沓以及缺勤行为)的元分析显示,年龄与核心任务绩效、创造力、培训工作不相关,但与其他7个维度的行为显著相关。尽管一些研究显示,年龄在某种程度上影响了工作绩效,不过其中的关系还远没有阐述清楚,仍然需要学者们进一步地探索。

工作满意度被认为是与工作绩效相关的因素之一(Spector,1997)。尽管Iaffaldano和Muchinsky(1985)的元分析表明,工作满意度与工作绩效之间并不怎么相关(平均相关系数=.17),工作满意度不能正向影响组织公民行为和工作绩效(Achmad,2013),但Judge等(2001)对二者的关系又有了新的见解,发现工作满意度与工作绩效之间呈中度相关关系（平均相关系数=.30）。二者在相互作用的过程中，会受到一些调节变量的影响，比如工作复杂程度（Baird，1976）。Judge 建议学者们可以从不同的调节变量探索工作满意度与绩效之间的关系，考虑到工作满意度的概念也是个体感受的对工作的态度，他对此的假设根据Fishbein和Ajzen（1975）的"人们的态度预测着他们的行为"这一理论。关于态度—行为关系，Kraus（1995）通过元分析证实态度确实是行为的预测指标。由此，Rene Ziegler（2012）研究发现，人们对工作的矛盾态度（Job Ambivalence）（既有积极态度，也有消极态度）调节着工作满意度与工作绩效的关系。工作中，与较高的矛盾态度相比，较低的矛盾态度会使工作满意度更好地预测工作绩效，即更高的工作满意度导致更好的工作绩效。除此之外，一些学者还运用成就动机、个性、工作特性、情绪等调节变量探讨二者之间的关系。Thomas（2009）研究发现，不同的文化背景对工作满意度和绩效的关系也有所不同。工作满意度和工作绩效的关系在个体主义、低不确定性规避、低权力距离以及崇尚男子气概的文化下，会变得更加显著。

员工的情绪能力通过个体的积极行为对工作绩效产生影响。Tae-Yeol（2009）通过对196对员工—主管的配对样本研究发现，在工作自主性的调节作用下，情绪能力正向影响员工的积极行为，积极行为又正向影响任务绩效和组织社会融合行为，中介效果显著。Ashlea（2011）则指出，在员工个体层面上，情绪技能与绩效没有什么直接联系，但在团队层面上，团队整体的情绪技能能够预测个体在团队中的沟通绩效。Mindy（2012）对92名呼叫中心雇员的研究发现，员工的适应性绩效正向联系任务绩效，其中员工感知的组织政治和个体的责任心作为调节变量共同对二者产生影响。Emin（2012）针对银行一线员工的调研发现，工作倦怠影响个人绩效与离职倾向，但客户导向在其中起到调节作用，即员工具有较高的顾客导向会缓解工作倦怠对个人绩效的负面影响。

就组织层面而言，工作绩效影响因素涉及工资、工作压力、客户服务质量等。

工资与工作绩效的关系呈现出显著的关系。研究表明，金钱的刺激会提高生产力、组织快速增长、提高员工工作匹配度（Lazear，2000；Lemieux，2009；Muralidharan & Sundararaman，2009）。Lazear（2000）回顾了1994—1995年间Safelite Glass公司的劳动生产力情况，发现当管理层改变了薪酬方案，由小时工资改为计件工资后，追踪3000名工人19个月的工作记录，工人平均产出增长44%。更多的数据显示，美国公司为提高工作绩效通常采用奖金、佣金，或计件薪酬的绩效工资方式（Lemieux，2009）。绩效工资还使公司关注工人—工作匹配，即让有特殊才能的员工从事合适的岗位工作。不过，绩效工资的一个负面结果是由于工人们不同的生产力水平，会带来更大的薪酬差距，引发矛盾（Lemieux，2009）。在一项针对教师的调查中，Muralidharan和Sundararaman（2009）检验了绩效工资如何影响教师的教学效果。随机抽选的一组教师被告知一项奖励计划：根据学生的平均成绩，向优秀教师发放3%的绩效工资。两年后，实验组的学生在数学、语文、理解能力、动手能力上都比控制组的学生成绩好得多。这项实验中没有发现负面反应，可以证明教师的教学效果与薪酬激励政策正相关。

很多研究探讨压力与工作绩效之间的关系（Chen & Hung，2006；Gilboa et al.，2008；Jamal，2007）。压力来源各有不同，有与工作相关的压力、家庭压力和环境压力。Jamal（2007）定义工作压力为由工作或工作有关的因素造成的应激。一项针对35265名员工的工作压力（角色模糊、角色冲突、工作超负荷、安全隐患、工作—家庭冲突、环境不确定和条件限制）与工作绩效关系的元分析（Gilboa et al.，2008）发现，工作压力与工作绩效呈负相关关系。研究者推测，当员工感到工作要求的提高，需要多花时间和精力应付这些压力源，给人带来不适，必然对主要工作职责产生负面影响，使得工作绩效较差。Jamal（2007）利用北美跨国公司的数据，在护士、经理、蓝领工人等人群通过问卷调查工作压力与离职倾向发现，当工作要求与员工能力不平衡时，员工感受较高的压力。工作绩效和缺勤率的数据从公司数据库获得，分析发现90%的数据支持压力与绩效的负相关关系。也有学者对此持有不同意见。Chen和Huang（2006）对美国和我国台湾的会计行业员工进行工作压力、组织承诺、组织沟通与工作绩效的关系研究发现，在压力与沟通方面不存在国家层面的差异，但美国企业的组织承诺水平较高，而且工作压力也没有发现与组织承诺或工作绩效相关。

员工良好的顾客服务会让客人在产品交易中感到满意，服务业中员工与顾客的面对面接触对顾客满意度的影响是光靠技术手段无法达到的，所以员工的行为、可靠性、人际沟通和服务的可获得性是提高组织绩效的根本（Akviran，1999）。Schneider（1980）做过一项银行雇员与客户服务感知的对比研究，从25家分行中随机抽选1657名顾客，分别从柜员的礼貌、其他工作人员的礼貌、柜员能力、是否有足够的窗口开放、分行管理、服务传递、便利性、雇员态度方面进行调查，结果显示雇员认为应该提供的服务质量与顾客感知的服务质量高度相关（r=0.67，p<0.01）。Julian和Ramaseshan（1994）对银行业又做了个类似的研究发现，83.3%的顾客认为销售人员的行为是顾客对服务质量感知的重点，对他们的行为满意与否决定着购买行为是否发生。这份研究强调了对销售人员专业培训的重要性，这是组织财务绩效提高的保障。另外研究发现，银行的销售们普遍认为自己的努力没有得到合理的报酬，没有接受足够的培训，导致了他们在工作中较低的自尊感受，而这又会在将来导致较差的客户服务质量。

Sean A. Way等（2010）对一个国际酒店集团的40家亚洲酒店的84位餐饮经理及其员工的研究发现，工作满意度与工作绩效之间没有显著关系，但整个集团的服务氛围却与员工绩效显著关联。John W. Michel等（2012）研究了美国6个州119个食品店的一线员工，得出服务氛围显著影响员工自我效能、顾客服务绩效以及员工离职倾向，支持了Sean之前的研究结论。

Achmad Sani（2013）研究发现，过程公平和组织承诺正向影响组织公民行为，组织承诺正向影响工作绩效。其中组织公平行为部分中介过程公平、组织承诺与工作绩效之间的关系。Brian（2012）指出，员工感知的过程公平与工作绩效的关系受到员工离职倾向的调节作用影响，即与那些打算离开企业的员工相比，那些打算留在企业的员工感知的过程公平，对他们的工作绩效影响更大。贯穿在工作中的娱乐活动，如社交活动、团队建设活动、技能竞赛、表彰会以及员工个人的生日会等也会提高员工的工作绩效，不过有趣的是，经理对上述娱乐活动的支持降低了员工绩效提升的幅度（Michael J. Tews，2013）。

一项针对台湾157家酒店的调研显示，高绩效工作系统（HPWS）以及雇佣模式对企业的工作绩效产生正向影响。以控制为主的人力资源管理实践对临时工、外包人员发挥正向作用；以组织承诺为主的管理实践主要针对内部员工发生作用。Liu-Yun Sun（2007）针对中国酒店业数据的多层面分析发现，组织公民行为在高绩效工作系统与组织绩效中起着部分中介作用。失业率和企业战略在其中起到调节作用。大量高绩效工作系统的研究都在组织层面展开，Hui Liao（2009）加入了员工个体感知的高绩效工作系统，从两个视角研究其对个人绩效的影响作用。研究发现，员工感知的高绩效工作系统在人力资本和感知的组织支持的中介作用下，正向影响员工服务绩效。组织层面的HPWS通过员工的人力资本的中介作用，对普通员工和知识型员工的服务绩效都有影响。David Pitts（2009）使用美国联邦人力资本统计局公布的数据，对在美国联邦政府机构的221000名全职永久雇员的调查指出，在不同族裔的员工流动日益频繁的今天，工作场所中针对员工的多元化管理也有助于提高员工绩效（Anne et al.，2013）。

第四节 员工敬业度与情感承诺研究进展

员工敬业度是一个积极组织行为概念。自20世纪90年代提出这一概念以来，敬业度（employee/work engagement）受到众多学者与咨询公司的关注，被预示为能够使员工达到和超越他们的个人目标、维持个人福祉的同时，对企业的成功有所贡献（Bakker，2007）。这个概念看起来很容易理解，但在文献梳理过程中，我们发现这一概念实际上很难说清。与其他涉及心理学范畴的术语一样，敬业度在实际工作中容易辨认，但很难形容。

对于敬业度一直以来也存在质疑之声，被认为是新瓶装旧酒（Jeung，2011）。实际上，咨询公司通常是将组织承诺、满意度、工作参与、动机和角色外绩效等概念混在一起，为它们重新贴上"敬业度"的标签。比如，美世（Mercer）咨询公司把敬业度也称为"承诺"或"积极性"——指员工对公司归属感的心理状态，并愿意在工作中以超出公司要求的高标准投入工作。翰威特（Hewitt）咨询公司定义"敬业"的员工不断展示出三种行为：（1）宣传（Say）：对同事、顾客、潜在的员工不断正面宣传公司。（2）留任（Stay）：员工有着强烈的欲望想要留在公司继续工作。（3）努力（Strive）：为了能够帮助公司达成目标，获得成功，员工为工作付出额外的时间和努力。韬睿（Towers Perrin）咨询公司将敬业员工描述能够从工作中获得个人的满足、灵感和肯定，并愿意成为组织的一部分。尽管各个咨询公司根据各自的定义，为"员工敬业度"开发了一系列量表，但众所周知，咨询公司开发的工具有专属所有权，不经过外部同行评价。调查问卷的题项和测量工具的技术操作细节保密，很难确定其科学性。

Shuck（2011）对213种涉及人力资源管理、心理学和管理学的学术期刊中对敬业度的定义做了系统的梳理，认为一共有四种方式定义敬业度。（1）需求—满足方式（The Need-Satisfying Approach）。敬业度是员工将自我与工作角色融为一体，投入情感、认知和体力的程度（Kahn，1990）。生理（physical）上员工在工作中精力充沛；认知（cognitive）上员工明晰工作使命，思路清晰、头脑灵活；情感（emotional）上员工在工作中善于感受他人情绪，与人进行情感交流。他把敬业度定义为员工愿意在任务行为中展现自己最好的状态。不过，这种需求—满意的方式对敬业度的定义被学者用到实证研究中的比例不高（May，Gilson & Harter，2004）。（2）工作倦怠对立方式（The Burnout-Antithesis Approach）根植于职业健康心理学，认为员工敬业是其工作倦怠的对立面。事实上，两种思想都存在于同一事件中。Maslach & Leiter（1997）指出，敬业度和倦怠是同一连续体的正负两极。敬业度具有的精力充沛（energy）、投入（involvement）和效能（efficacy）与倦怠的情绪耗竭（exhaustion）、犬儒主义（cynicism）、低成就感（lack of accomplishement）一一对应。这意味着一个高度敬业的员工的工作倦怠会很低，反之亦然。其次，敬业度是与工作有关的积极的、令人满足的心理状态，具有活力、奉献和专注的特点（Schaufeli，Salanova，Gonzalez-Roma & Bakker，2002）。当今大多数的对敬业度的学术研究采用Schaufeli（2012）根据此定义开发的量表（UWES）。（3）满意—敬业方式（The Satisfaction-Engagement Approach）根据盖洛普（Gallup）公司提出的员工敬业度定义：员工敬业度（Employee Engagement）是员工对工作的投入、满意和热情（Harter，Schmidt & Hayes.，2002）。从中我们发现，与其他咨询公司对敬业度所下的定义类似，盖洛普的员工敬业度的概念与早先大家熟知的工作参与、工作满意度概念有重合部分。Gallup利用Q12问卷测量组织的员工敬业度水平，用来测量一个公司（部门或班组）的工作环境和员工敬业度，是管理者最早为提高员工满意度、改进工作开发出的测量工具。盖洛普公司的员工敬业度问卷包括13个项目、12个核心指标（其中第一个项目为整体满意度），要求员工评价在多大程度上，他们对工作环境的基本需求能够得到满足。不过，Harter，Fleming，Buckingham等人认为，盖洛普Q12问卷中的一些题项与工作满意度量表高度相关（r=.91）。Q12测量的实际是敬业度产生的前因——工作满意度，而不是员工对于工作参与满足感的体会。之所以会这样，是因为咨询公司多从可以"付诸实施"的立场，而并不是从学术的观点来测量敬业度（Buckingham & Coffman，1999）。不过尽管如此，满意—敬业方法在学术界也产生了一定影响，其著名的"盖洛普路径"（The Gallup Path）清晰地展示了公司经营业绩、生产力、顾客满意度和离职率的联系。（4）多维度方式。Sake（2006）定义敬业度为"与个人角色绩效相联系的感知、情感和行为的构念"。这一定义与Kahn（1990）有异曲同工之处，两者都强调了在工作中的绩效。Sake（2006）的创新之处在于他区分了在工作中的角色表现（job engagement）和员工作为组织中的一员的表现（organizational engagement）。虽然二者中度相关（r=.62），但它们二者有不同的前因和结果变量。尽管这一定义看起来不错，但学者们通常不使用多维的方式对敬业度进行研究。

20世纪90年代以来，尽管国内外学者对员工敬业度的定义各有不同，但大致可以归为以上四类：（1）敬业度与工作角色绩效的关系；（2）与工作倦怠相对的，有关员工幸福感的积极本质；（3）与员工可以掌握的工作资源的关系；（4）与工作本身和组织的关系。对敬业度定义最重要的是明确一条界线，哪些应该包括在敬业度里面，哪些应该剔除在外。敬业度不应该是涵盖若干概念的术语集（umbrella term），让人想怎么用就怎么用（Sake，2008）。Schaufeli和Bakker（2010）提出的将敬业度看作一种心理状态体验，在工作、个人资源与组织绩效中起着中介作用的概念在当今的敬业度研究中较为流行，其对敬业度的结构维度划分最被学者们广为接受。

尽管近年来有关敬业度的研究文献激增，但仍有些学者对这一新构念抱有怀疑态度，新瓶装旧酒之声不绝于耳（Macey & Schneider，2008；Newman & Harrison，2008）。在这里，我们将敬业度与组织行为三个经典的概念——工作满意度（Job Satisfaction，JS）、工作参与（Job Involvement，JI）和组织承诺（Organizational Commitment，OC）加以区分评述。组织承诺（OC）界定了员工对特定组织及其目标的认同，并希望保持组织成员的身份。包括三个独立的维度：情感承诺，对组织的情绪依赖以及对组织价值观的认同；持续承诺，与离开组织相比，感受到的留在组织中的经济价值；规范承诺，基于道德及伦理而产生的留在组织中的责任感。工作满意度（JS）描述的是人们对工作特点进行评估而产生的对工作的积极态度。工作参与（JI）用于测量一个人从心理上对其工作的认同程度以及认为他的工作绩效水平对自我价值的重要程度。敬业度是将自我与工作的融合，以及投入情感、认知和体力的程度，以达到工作角色的绩效（Kahn，1990）。Inceoglu，Fleck，

Albrecht（2010）和Yalabik等（2013）指出敬业的员工对工作充满了激情，工作满意度和组织承诺则较少有这种内在迸发的满足感。工作参与专注个人对工作的认知；工作满意度关注的是个人情感的反应并维持这种愉悦心情；组织承诺则是一个情感—感知的维度。Rich（2010）主张旧的概念没有一个能像敬业度那样，将个人情感的、感知的和体力同时投入工作角色中。Hallberg和Schaufeli（2006）运用验证性因子分析证明敬业度、工作参与和组织承诺是不同的概念。此外，研究还发现，敬业度不同于"工作狂"（Schaufeli，2007），敬业的员工不会因为强烈的不可抑制的内在动因而努力工作，而是因为他们认为工作是一种愉快的过程。敬业度也不同于组织公民行为（OCB）（Macey & Schneider，2008），尽管二者相关。Bakker（2011）表示敬业度和与工作相关的流（flow）也不同。流的概念是由Csikszentmihalyi（1975）提出的"一种完全沉浸的状态"。流是一种瞬间的高峰体验，建立在认知专注的基础上，也许仅能持续一个小时，甚至更短，具有暂态性。而敬业建立在认知与情感的基础上，在时间上具有长期性和稳定性。Albrecht（2010）认为，与组织承诺、工作参与和组织公民行为加以区分，敬业度具有以下特征：（1）概念内涵比那三个词大；（2）行为更多的与工作相关；（3）人格类型更多地表现在"积极应对"上；（4）具有不屈从权威的特征；（5）与工作情境融为一体；（6）易于在组织间传播。

总之，尽管意识到敬业度和其他这些概念有重合的地方，但是已有足够的文献通过实证检验，敬业度不是这些概念的重新包装（Bakker，2011）。这些原有概念中没有一个能够同时说明员工对工作的情感、认知以及行为。因此，不像那三个概念只是狭窄地描述各自的某一方面内容，敬业度对工作绩效提供了更加深刻的解释。敬业度也比其他概念更好地预测工作绩效（Rich，2010）。毫无疑问，敬业度作为一个独立构念得到理论与实践的关注。

承诺（commitment）在不同领域都有研究，它是形成稳定社会结构的基础。近十几年来，组织承诺（organization commitment）成为工作态度与行为研究中的重要概念（Mathieu & Zajac，1990；Meyer & Allen，1991；Morrow，1993；Reichers，1985）。组织承诺（organizational commitment）是员工对组织持有的肯定性的态度或心理倾向（Mowday，Steers & Porter，1979），在对有关承诺的文献回顾中，Mowday等（1982）发现对于承诺这一术语的定义并没有达成一致。"不同学科背景的学者从各自的角度总结归纳，使得理解'承诺'这一概念变得越发困难。"

从社会交换角度看组织承诺的形成，可以大致分为两类：一是员工为了规避风险，选择与组织建立稳定的交换关系，即在经济性交换关系基础上的承诺，如持续承诺；二是员工在与组织的长期成功交换关系中形成情感联结，即在社会性交换关系基础上的承诺，如情感承诺和规范承诺（刘小平，2000）这两类研究有明显融合的趋势（Lopes，1994）。通过查阅文献，我们发现20世纪60—80年代间，有关组织承诺的定义已经发生了变化，不同学者对"组织承诺"这一构念有不同的表达。大致可以分类为对组织的情感导向、对离开组织的成本的识别和留在组织道义上的责任，三类定义都有一定的合理性。

如果组织承诺是一种约束力，我们需要思考它的性质是什么？根据以上定义，我们可以把它看作是员工的一种心态（mind-set），员工的这种心理状态驱使着个体采取行动。不过，这一说法并没有得到太多学者的赞同。一些学者开始考虑组织承诺应是一个多维度的构念。员工潜在的心态是用来区分组织承诺的不同维度。比如，Angle和Perry（1981）将组织承诺分为价值承诺（承诺支持组织的目标）和持续承诺（承诺留在组织中）两个维度；O'Reilly和Chatman（1986）将其分为顺从（为特定的外在奖励的工具性投入）、认同（为与组织维持一种自认为满意的关系）、内化（个人与组织的价值观相吻合）三个维度。他提出个体态度的转变要经历顺从（compliance）、认同（Identification）、内化（Internalization）三个不同的过程，表现了员工对组织的心理依附强度的逐级递进。人们采取顺从的态度和行为是为了获得特定的报酬或避免特定的惩罚；人们采取认同的态度和行为是为了和组织维持一种自认为满意的关系；只有当人们感知组织的价值观与自己相吻合时，才会采取内化的态度和行为，即将对方的价值观内化为自己的价值观（O'Reilly & Chatmna，1986）；Penley和Gould（1988）则从道义（接受认同组织目标）、算计（根据从组织中获取的收益来匹配对组织的贡献度）、疏离（虽然个人感知投入与奖励不对称，但迫于环境压力仍留在组织中）三个维度加以划分；Mayer和Schoorman（1992）从价值（接受组织目标、价值观，并愿意付出努力）和持续（留在组织中的愿望）两个维度划分。虽然由不同的组织承诺概念演化出不同的维度，但总体可以分为4类。解释实证发现（如Angle & Perry，1981），区分早期的单维度概念（如Allen &Meyer，1990），与已建立的理论相联系（如O'Reilly & Chatman，1986；

Penley & Gould, 1988), 以上3种的综合（如Caldwell, Chatman, & O'Reilly, 1990; Mayer & Schoorman, 1992, 1998; O'Reilly, Chatman & Caldwell, 1991）。虽然列出如此之多的组织承诺多维度模型，但在绝大多数对组织承诺的研究文献中，通常使用Meyer和Allen（Allen & Meyer, 1984, 1990, 1991）和O'Relly与同事（Caldwell, Chatman, & O'Reilly, 1990）开发的模型。

Meyer和Allen（1991）通过整理前人的研究总结出，各种各样的组织承诺的定义都有一个共同点，即组织承诺是一种员工与组织的关系和愿意留在组织中的心理状态。由此，Meyer和Allen提出了情感承诺、持续承诺和规范承诺三维度的组织承诺观点，并开发了24个题项（每个维度8个）的量表。情感承诺（affective commitment, AC）是员工在情感上对组织认同和投入的总强度。具有个体接受组织目标和价值观；愿意为组织利益付出最大努力；有强烈的保持该组织成员身份的愿望三个显著特征；持续承诺（continuance commitment, CC）是指员工考虑如果离开组织会使自己既得利益遭受损失，而不得不留在企业的承诺。这种承诺不是出于对企业的奉献，而仅仅是出于员工对自身经济利益的考虑，是一种交易色彩浓厚的承诺；规范承诺（normative commitment, NC）是指员工出于责任感或义务，应该继续留在组织的承诺。为检验情感承诺、持续承诺、规范承诺三个维度的区分效度，Allen和Meyer（1990）将ACS、CCS、NCS和OCQ量表进行了对比（见表2-1）。从中我们可以看出，ACS和OCQ之间显著相关系数达到0.83，说明"情感承诺"与"规范承诺"难以相互区分。Meyer at el.（2002）在对54项相关研究进行元分析后，纠正了情感承诺与规范承诺的相关系数为.63，由于缺乏区分效度，"规范承诺"很难从"情感承诺"中分离出来，被学者们认为是一个繁冗的概念（Bergman, 2008; Ko et al., 1997; Solinger et al., 2008）。这也从另一角度说明"情感承诺（ACS）"是传统的OCQ测量的主要内容。

表2-1 ACS、CCS、NCS和OCQ的均值、标准差和相关系数

量表	均值	标准差	ACS	CCS	NCS	OCQ
ACS	4.63	1.33	1			
CCS	4.51	1.16	0.06	1		

续表

量表	均值	标准差	ACS	CCS	NCS	OCQ
NCS	3.77	1.13	0.51*	0.14	1	
OCQ	6.32	1.07	0.83*	−0.02	0.51*	1

*p<.001　资料来源：Allen & Meyer（1990）。

与多数组织承诺的测量采用截面数据不同，See Mowday，Steers和Porter（1979）采用纵向数据测量新入职员工在7周到1年间的组织承诺变化发现，刚参加工作的新员工因为对组织整体尚无概念，得出的分值最低。但是，一年后这些员工组织承诺的分值较高。这一结果与其他组织态度量表的结论一致（Vandenberg & Self, 1993），说明了新入职员工在了解组织后显示出稳定的态度（Mowday, Porter, & Steers, 1982）。本研究使用 Mayer 和 Allen 定义的情感承诺作为中介变量，即情感承诺是指员工在情感对组织认同和投入的总强度。

一、工作生活质量、敬业度与工作绩效关系相关研究

（一）工作生活质量与敬业度的关系研究

Buckingham和Coffman（1999）在《首先，打破一切常规》一书中列出了影响敬业度的13项因素，它们依次是：明确的期望、足够的资源、学习和成长、认可/赞美、工作质量、关心员工、高质量的工作、工作机会、鼓励员工发展、意见得到重视、组织目标、使命的意义和工作中的友谊。这些影响因素中我们可以发现涵盖了工作生活质量的诸多元素。工作生活质量是工作场所提供的舒适环境、薪酬、工作安全、成长机会等，以支持提升员工的工作满足感。它是由个人与情境因素相互作用下，员工对工作环境、工作经历和工作回报是否满足其需求的多维概念。包括薪酬福利、个人发展、工作安全感、工作自主性、工作和时间压力、工作意义感、主管与同事支持等维度。

前面的员工敬业度理论模型中提到，在JD-R模型中，工作资源及个人资源对敬业度的预测作用较强。May（2004）发现，工作的意义感、心理安全感和资源的可获得性正向影响员工敬业度。Saks（2006）研究表明，工作特征、组织支持能够显著预测敬业度。Schaufeli（2004）通过结构方程模型发现社会支持、工作反馈、

管理培训作为前因变量，与敬业度中度正相关。工作自主性、工作反馈、组织支持正向影响敬业度中的活力和奉献维度（Christian，2007；Rothmann & Joubert，2007）。Broeck（2008）根据基本心理需要理论研究发现，通过心理需要这一中介变量，工作自主性、积极反馈、技能应用对敬业度的活力维度产生积极预测作用。并且，与工作相关的资源如工作的自主性与反馈、与个人相关的资源如自我效能都会促进员工的敬业（Mauno，2007；Xanthopoulou，2009），特别是当工作要求很高的时候（Bakker，2007）。研究还强调了在全心投入工作的过程中员工与同事、主管的关系的重要性（Xanthopoulou，2008）。

为什么员工有的敬业，有的不敬业？通过JD-R模型，我们了解，可获得的工作资源可以促进员工的敬业。感知的组织支持、主管支持以及同事间的支持帮助等社会支持行为都有利于敬业员工的产生（Crawford，LePine & Rich，2010；Nahrgang，Morgeson & Hofmann，2011）。June M.Poon（2013）对马来西亚一所公立大学115名雇员通过多元回归分析得出，感知的职业支持通过情感承诺正向影响员工的敬业度。企业关注员工的职业生涯发展，可以增强员工对组织的情感承诺和敬业度。

Alan M. Sakes（2011）研究发现了职场灵性与敬业度的关系。特别是职场灵性对员工体会正从事的工作的意义，有利于员工产生和维持在工作中的敬业。文章指出，职场灵性的自我超越、内在关联和精神价值三个维度，通过四种心理条件（工作的意义、正在从事的工作的意义、安全感和可获得性）正向影响着员工的敬业度。Upasna A. Agarwal（2014）对印度西部的制药企业323名经理的研究发现，组织公平对员工敬业度的预测作用调研结果显示，过程公平、互动公平和心理契约与敬业度正相关，其中信任起到中介作用。

Yseult Freeney（2013）通过对爱尔兰两家妇产医院的182名助产士的研究发现，员工在工作中感知的同事间的相互支持、主管的支持、对他人的亲社会行为、工作自主性解释了52%的员工敬业度。同时，感知的亲社会行为在工作自主性和敬业度之间发挥着重要的部分中介作用，强调了关系资源在敬业度中的价值。以上实证研究虽然没有直接提到工作生活质量这一构念，但其中谈到的大多是工作生活质量的构成因子，从中，我们间接推导出工作生活质量对敬业度具有正向影响的假设。

（二）敬业度与员工工作绩效的关系研究

J. K. Harter（2002）对36家公司近8000个单位的研究发现，员工敬业度高的公司的生产力、顾客满意度及营业利润也比较高，离职率与事故发生率都较低。摩森康盛公司（Molson Coors）发现，与不敬业的员工相比，敬业的员工的安全故障要少80%，并且即使发生事故，敬业员工的严重程度也低得多，损失较小（平均事故花费63美元和392美元）。卡特彼勒公司调查显示只有17%—29%的少量员工对他们的工作高度敬业，随后公司着手提高员工敬业度，结果表明，员工的抱怨和不满下降了80%，顾客满意度提高34%（N.R. Lockwood，2006）。一些时间序列的研究也表明，高水平的敬业度导致了更多的组织承诺（Hakanen，2008，Boyd，2011），个人更积极的主动性和更多创新行为（Hakanen，2008；Upasna A. Agarwal，2014），较少的病假缺勤（Schaufeli，2009）和更优的个人表现（Xanthopoulou, Heuven, Demerouti, Bakker & Schaufeli，2008；Bakker & Bal，2010）。

对于学生这一人群的研究发现，学期初具备高水平的敬业度与学期末学生较高的平均分数（GPA）有关（Salanova, Schaufeli, Martinez & Breso，2009）。此外，研究还发现敬业的药剂师要比不太敬业的同事少犯错误（Prins, Ban der Heijden, Hoekstra-Weebers et al.，2009），敬业的护士也要比不太敬业的同事较少卷入医疗事故（Mark, Hughes, Belyra，2007），敬业的化工工人比不太敬业的同事拥有更长的安全生产的记录（Hansez & Chmiel，2010）。主管对于敬业的员工绩效评估的分值要高于不敬业的员工（Halbesleben & Wheeler，2008）。

团队层面，也有文献证明酒店里敬业的一线员工往往与顾客评价的服务质量正相关（Salanova, Agut & Peiro，2005）。此外，一项对快餐公司的员工的调查显示，敬业的员工会使餐厅的营业额显著上升。当班的如果是敬业的员工，当天餐厅会卖出更多的食品（Xanthopoulou, Bakker, Demerouti & Schaufeli，2009）。总之，大量的学术研究表明，无论是个体层面还是团队层面，员工敬业度与积极、正面的组织态度和行为有关，会为企业带来好的结果。

一些咨询机构长期以来也在从事员工敬业度与企业商业成功之间联系的研究。Attridge（2009）通过梳理未公开发表的咨询公司撰写的调研报告得出"敬业的员工有利于促进企业的发展"。公司里敬业员工的销售额是不敬业员工的两倍。另一项研究显示，通过两组对照，高敬业度的员工一年间会为企业带来3.74%的营业毛利和

2.06%的销售净利润，而低敬业度的员工对公司的营业毛利贡献2.06%，净利润则减少1.38%。

Harter（2002）针对36家公司的8000个部门数据的元分析显示，员工敬业与否与公司下列绩效指标正向相关：顾客满意度、顾客忠诚度、利润率、生产率、离职率和安全生产率。更加详细的分析揭示，与排名后25%的最不敬业的部门相比，前25%最敬业的部门具有2%—4%的更高的顾客满意度，1%—4%更高的利润率和13%-36%较低的离职率，平均月销售收入比后25%的部门高出8万—12万美元。

尽管研究结果振奋人心，不过我们也要注意，大多数咨询公司的缺乏科学研究的严谨性，数据来源不清，并且关于敬业度的定义与传统的组织行为学概念有重叠，如组织承诺、角色外绩效等应该是敬业度的结果，也被囊括在敬业度的概念中。像Gallup公司使用的Q12问卷，实际上测量的是敬业度的前因变量，事实上，Hater在2002年就发现，拥有较多的工作资源与商业成功正向相关。

总之，尽管大量旁证显示敬业度与商业成功相关，但严格地讲，这一说法仍然需要进一步的科学检验。这为本研究的进一步探索提供了空间。

二、工作生活质量、情感承诺与工作绩效关系相关研究

（一）工作生活质量与情感承诺的关系研究

情感承诺产生于个人需求的满足。员工对组织的情感承诺，源于组织满足了员工的期待，允许员工取得他们的个人目标。Wanous（1992）的一项元分析研究发现，员工被满足的期待与其对组织的情感承诺的相关系数为0.39。由此我们可以得出，个人的期望被满足对于其情感承诺的产生至关重要。换句话说，情感承诺的产生是根据员工心理上对组织的补偿。它会随即引出一系列过程问题，比如员工对他们的工作生活质量的评估会直接影响到他们是否会对组织产生情感承诺。

组织分权会导致员工较高的情感承诺（Bateman & Strasser, 1984; Morris & Steers, 1980），情感承诺与工作挑战性、自主性（Dunhan, 1994）、员工所用技能的多样性（Colarelli, Dean, & Konstans, 1987; Dunham, Grube, & Castaneda, 1994; Steers, 1977）、员工积极参与企业决策（Dunham et al., 1994）、工作范围（Marsh & Mannari, 1977; Mathieu & Zajac, 1990; Meyer, 1991）正向相关。另外，当员工感知他们工作的安全性高（Ashford, Lee, & Bobko, 1989），个人目标

与组织目标一致（Reichers，1986；Vancouver，Millsap，& Peters，1994；Vancouver & Schmitt，1991）时，也会表现出较强的情感承诺。

员工在组织中的"角色"也与他们的情感承诺有关。一些研究（Mathieu & Zajac，1990）发现，当员工不知道他们该做什么（角色模糊），或每天所做的和期待的相互矛盾（角色冲突）时，会表现出对组织较低的情感承诺。

员工感受到的支持主要集中在领导或主管间。主管或上级领导会影响员工的情感承诺。当主管允许员工参与决策（Jermier & Berkes，1979；Rhodes & Steers，1981）、关心员工（Bycio et al.，1995；Decotiis & Summers，1987）和公正对待员工（Allen & Meyer，1990）时，员工对组织的情感承诺较强。情感承诺与领导对员工的关心（Decotiis & Summers，1987；Mathieu & Zajac，1990）、主管支持（Mottaz，1988；Withey，1988）、变革性领导（Bycio et al.，1995）和领导—成员交换关系（Major，Kozlowski，Chao，& Gardner，1995）相关性最强。

研究表明，新加入组织的员工也会出现类似的表现。新入职的员工在前几个月工作中如果感到组织支持，会表现出对新组织较强的情感承诺（Allen & Meyer，1990；Jones，1986）。Sanchez，Korbin和Viscarra（1995）在美国1992年Andrew飓风过后的一项研究表明，那些在飓风中受灾的员工收到雇主的救灾物资（如食品、帐篷等）后，在以后的工作中表现出对组织长期的情感承诺。

（二）情感承诺与工作绩效的关系研究

如前面所述，情感承诺是联系员工和组织的心理状态。这种状态天然具有多面性。很多实证研究显示，与较低情感承诺的员工相比，高情感承诺的员工在离职、出勤、员工幸福感以及个人绩效方面有很大不同。根据一些员工自我汇报的研究结论发现，对组织有强烈情感承诺的员工通常要比其他员工工作更努力且绩效更好（Bycio，Hackett，& Allen，1995；Ingram，Lee，& Skinner，1989；Leong，Randall，& Cote，1994；Randall，Fedor，& Longenecker，1990；Sager & Johnson，1989）。Kim & Mauborgne（1993）。Kim和Mauborgne（1993）研究发现，较强情感承诺的员工对组织的战略决策表现出更多的顺从。同样，Nouri（1994）发现，具有较强情感承诺的经理更可能坚持公司的政策，避免在他们手下出现"预算超标"的现象。销售量（Bashaw & Grant，1994）、成本控制（DeCotiis & Summers，1987）等客观指标以及主管评估的个人绩效（Meyer，1989；Konovsy &

Cropanzano，1991；Mayer & Schoorman，1992；Moorman，Niehoff，& Organ，1993；Sager & Johnston，1989）也与较强的情感承诺有很大关系。情感承诺显著影响组织公民行为的结果在自我评价（Meyer & Allen，1986；Meyer，1993；Pearce，1993）和第三方评价（Gregersen，1993；Moorman et al.，1993；Munene，1995；Shore & Wayne，1993）中也有所记载。Organ和Ryan（1995）发现，员工的情感承诺与组织公民行为中的利他主义（r=0.226）和服从组织规范（r=0.296）两个维度最显著相关。Morrison（1994）采用了不同的方法研究了二者的关系。她认为当角色外和角色内行为不够清晰时，对二者的区分就取决于员工的工作态度。员工的情感承诺和组织公民行为显著相关，因为这些员工认为这也是他们工作的一部分。"这不是我的工作"这类言论是不大可能从具有较强情感承诺或规范承诺的员工嘴里说出来的。Schaubroeck和Ganster（1991）研究了一群学生志愿者在21家公司的工作行为：代表公司进行电话募捐（角色外行为）。研究发现，学生们对组织的情感承诺与他们进行电话募捐工作的意愿正相关，并受到组织目标的调节作用。在服务型组织，情感承诺与募捐工作的积极参与正向相关，而在非服务型组织中，这两个变量不相关。

不过，也有研究并没有得出二者相关的结论（Ganster & Dwyer，1995；Williams & Anderson，1991）。DeCotiis和Summers（1987）在对餐厅经理们的调查中发现，经理们对组织的情感承诺与主管对他们的绩效评价并不相关。Shim和Steers（1994）在两家家具制造公司所做的研究，也发现二者关联不大。Angle和Lawson（1994）研究了制造业500强的公司发现，员工情感承诺与主管评价的工作绩效不相关，而与工作结果显著相关的是员工的可靠性和积极性。得出如此结果也许是因为主管对员工的评价标准过于严格。或者主管眼中的绩效更加强调顾客满意度和持续的改进，但员工可能对此并不了解，所以，关于绩效标准应该准确地告知员工，以便对组织怀有较高情感承诺的员工能够更好地工作。另外，员工的情感承诺对于绩效的影响可以反映在他们工作的积极性上，但相对其他诸如能力、资源的可获得性却没有约束。Mowday，Porter和Dubin（1974）调查了一家银行下属37家分行的柜台员工，每家银行评估两个绩效指标：（1）整体客户服务满意度；（2）贷款金额。结果显示，员工承诺与客户服务满意度相关，但与贷款金额无关，因为分行贷款金额绩效通常由非柜台员工—经理们决定。

情感承诺的前因和结果变量整体模型框架见图2-3，这为我们前面讨论员工工作生活质量与情感承诺的关系、情感承诺与工作绩效的关系研究提供了参照依据。

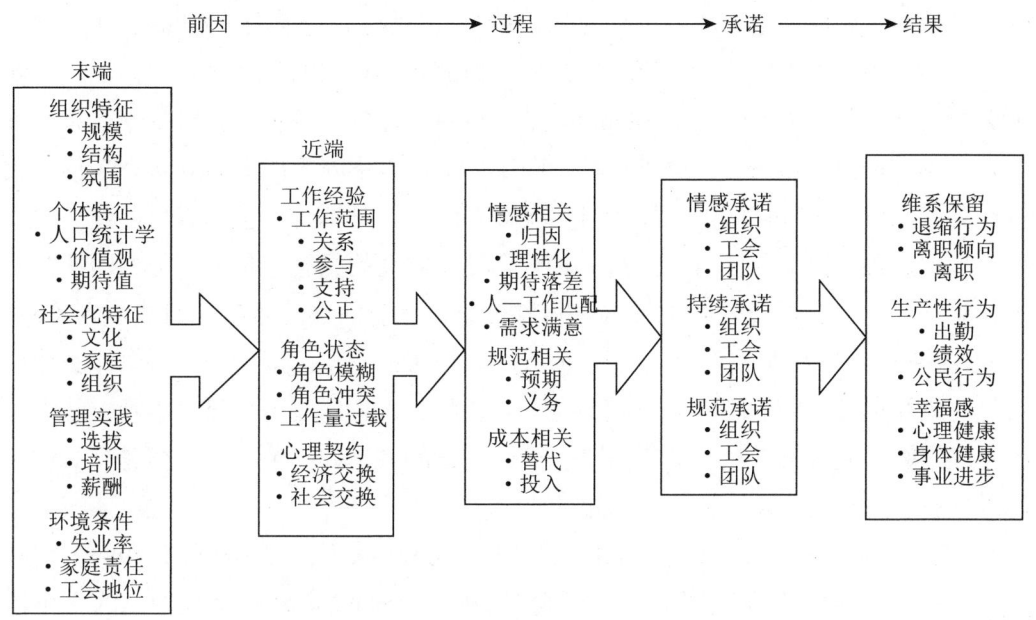

图2-3　组织承诺前因变量、结果变量多维度模型

资料来源：Commitment in the Workplace：Meyer & Allen，1997.

第五节　成就目标定向研究进展

20世纪七八十年代，成就目标定向（Goal Orientation，GO）概念在教育心理学领域被首先提出。依据Atkinson（1964）的成就动机理论，Eison（1979）把学生分为学习导向（Learning Orientation）或分数定向（Grade Orientation）。根据Eison的理论，学习定向是指学生把学习当成获得知识、个人提高的机会。相反的，分数定向的学生则把获得高分作为自己的最终目标。为此，Eison（1979）开发了量表用来评估目标导向。学习定向与分数定向最初被定义为一个连续体的两端。不过，后来Eison重新把它们定义为两个相对的独立变量，并就此修改了量表（Learning

Orientation-Grade Orientation Scale II；Eison，Pollio，& Milton，1982）。

与此同时，Nicholls（1975，1976，1978）从认知发展的角度来考虑成就目标的起源，即为儿童设定什么样的任务目标能更好地提高他们的能力。这里最重要的一点是个体如何来定义成功（Nicholls 1975），其核心是能力（ability）信念的分化。儿童开始分辨不出能力与努力的区别，但随着年龄的增长，会意识到能力不同于努力，会受到别人的评价。Nicholls 提出两种概念，任务卷入和自我卷入。任务卷入（task involvement）：这种目标指向来自个体以不同的能力体验状态来从事成就任务，当持有无分化的能力概念时，个体关注于任务本身，个体与自己过去的成绩比较（自我参照）。任务卷入是一种内在动机驱动的状态，是在"努力即能力"中体验胜任能力，通过任务的掌握获得胜任感，体验活动的乐趣；自我卷入（ego involvement）：与自尊相联系，通过他人的表现来证明自己能力的高低，即个体把自己的成绩和其他人的比较（外部参照）。自我卷入相信能力与努力不同，能力高的人，不需要太多努力也会获得成功。而能力低的人，则不论怎么努力总会失败。卷入状态不同会导致人们不同的认知。

随后，Eison（1979），Nicholls（1975），Dweck（1975，1986，1989）和同事一起，从学生能力开发的角度研究成就动机。他们注意到几个能力高的学生遇到困难时，不能安下心来解决问题，而是对任务本身或/和本人的能力进行了负面的评价，对此表示不适应，最终发展成为一种"无助感（helplessness）（Dweck & Elliott，1983；Dweck & Leggett，1988）。因此，Dweck（1986）采用社会认知方法，个人根据自己的价值观、信念和目标来定义自己，假定学生采取学习定向（learning orientation）或绩效定向（performance orientation）。他提出学习定向的学生在接受一个任务时以学习为目的，而绩效定向的学生则以试图从别人那里获得一个好的评价为目的。此外，Dweck假设这些目标定向是基于个体的智力理论做出的（M. Bandura & Dweck，1985；Elliott & Dweck，1988）。智力理论（或称能力理论，theory of intelligence）阐述的是个体对能力或智力是否可以改变，或者可以控制的认识。能力固存观（entity theory）表达的是虽然人们可以通过学习获得新知识，但是个体的能力水平或聪明程度并不会真正改变，简单说就是个人的能力高低是天生的或不可控的，因此难以发展。而能力发展观（incremental theory）则认为通过学习，可以改变人们的智力或能力，是可以控制的。因为一个人不可能同时拥有两种观点，所以两种观点的目标定向就假设存在于一个连续体的两极（Dweck，1986，1989）。学习目标定向的个体以学习掌握新知识和新技能为主要目的，关注内在价值，并认为只要不断努力自会提高能力；而绩效目标定向的个体更关注外在评价，并认为能力是天赋和相对稳定的。不同的成就目标定向的个体对情境和情感的认知不同，导致产生不同的行为（Pekrun，Elliot & Maier，2009）。

十多年后，目标定向开始被引入组织管理研究领域（Farr，Hoffman & Ringenbach，1993）。在Dweck（1986）早期的研究基础上，Farr（1993）运用目标定向概念解释在组织中，个体如何诠释和回应他们的工作绩效。他们在工作任务内容、目标设定、反馈寻求和员工激励等一系列的组织事务中运用目标定向概念，并得出了有价值的研究成果。

成就目标定向被认为是个体在工作中展现其能力的一种相当稳定的人格特质（DeShon & Gillespie，2005；Payne，2007；Dweck & Legget，1988；Payne，2007）。它提出个体为什么会被激励来表现自己，以及他们将使用什么样的标准来确定成功（Pintrich，2000；Roberts，2007）。不同的学者对成就目标定向做出了不同的定义，比较有代表性的有以下几种：Dweck（1986）指出成就目标是对认知过程的计划，具有认知、情感和行为的结果，并提出学习目标定向（即任务的掌握和技能的获得，相信能力是可变的）和绩效目标定向（即在活动中证明自己的能力，或避免不胜任，相信能力无法通过努力和学习改变）二因素结构。Pintrich认为，成就目标是个体实现任务，取得成功的原因，代表了个体对于成功的一种认知取向。Dweck 和Leggett（1988）又将成就目标定向定义为与能力相关活动的原因或目的。Elliot（1997），Midgley（2000）明确地将成就目标与胜任力统一起来，认为其是对与胜任力有关行为的认知—动力关注。进而提出了包含学习定向（mastery orientation）、绩效趋近定向（performance-approach orientation）、绩效回避定向（performance-avoidance orientation）的三分结构。根据逻辑推理，Elliot 和 McGregor（2001）又将学习目标划分成学习趋近目标（mastery-approach orientation）和学习回避目标（mastery- avoidance orientation）的四分结构。方平（1999）认为成就目标（achievement goal）是指个体为达到某种目的而参与成就活动的原因。具有认知、情感和行为特征。张承芬（2004）认为成就目标具有动机、认知、情感和行为特征的认知与完成任务的信念。成就目标定向清晰地指出了目标影响个体绩效水平的行为和认知途径,在任务—成绩水平上讨论目标设置,对解释工作情境中的成就行为具有实践意义。

在讨论成就目标定向时,就其是属于个体特质(trait),还是环境特质(state),学者们的观点及研究结果并不一致。Dweck的动机理论认为成就目标定向具有相对稳定的个体特质,持有能力固存观(entity theory)的人倾向具有绩效目标定向,因为他们认为个体的智力是固有的或不可控制的;持有能力发展观(incremental theory)的人倾向人们的智力或能力通过学习可以改变,倾向学习目标定向。反馈评估的应用(Butler,1987)、竞争性的回避(Ames,&Felker,1977)会在特定的环境中影响员工的目标取向。基于这些观点,Scott(1996)认为,成就目标定向会受到环境因素的影响,研究中需要关注目标取向素质和环境因素的组合。个体特质论倾向于个体预先采取特定的模式,环境特质倾向于人在特定的环境中采取不同的反应模式。个体受到努力、竞争及教育水平等情境影响时,其成就目标定向会发生改变(Ames,1992;Nicholls,1984)。但总体来说成就目标定向属于稳定的个体特征。

成就目标定向的实证研究主要集中在目标定向与个体工作绩效的关系上。在对以往文献的梳理中,我们发现,成就目标定向对自我调节的构念(如特定任务中的自我效能、自我设置的目标水平、学习策略、寻求反馈和情境焦虑)的预测作用最强,其次才显示出对个体绩效(学习成绩、任务绩效、工作绩效)的影响作用(Payne & Youngcourt,2007)。Utam(1997)在对24份目标定向研究的元分析中得出,与绩效定向相比,学习定向能导致更好的个人绩效,但这一优势只体现在完成复杂的工作任务中。Rawsthorne和Elliot(1999)通过对30份文献的元分析发现,与学习定向相比,绩效定向对内在动机有破坏作用。Day,Yeo和Radosevich(2003)对127篇文献的元分析发现,与二维成就目标定向模型(学习定向与绩效定向)相比,三维模型(学习导向、绩效趋近定向与绩效回避定向)多解释了7%的绩效变化。

虽然不同学者的研究角度不尽相同,但关于成就目标定向大家基本得出一致的结论:学习目标定向与积极的行为相关,比如设定现实的目标,面对困难坚持不懈。与之相比,绩效目标与消极的行为相关,比如不适应现状和无助感。根据这一结论,学者们也相信,学习目标定向会带来正面的结果,而绩效目标定向往往和负面结果相关（Brophy，2004）。

第六节 文献总结述评

  本章对工作生活质量、敬业度、情感承诺、成就目标定向以及员工工作绩效进行了深层次的研究。通过本章的文献梳理，我们发现，工作生活质量是一个与工作满意度、工作参与、动机、生产力、健康、安全有关的概念。这些因素对员工工作的心理和生理结果产生影响。同时，为了使企业，特别是服务型企业能够有效地提升员工工作绩效，我们要积极地探索工作生活质量对员工工作绩效的影响关系，以及其内在的作用机制。

  通过对以往文献的回顾，本研究认为，现有研究在理论和实证方面尚存在进一步的发展空间。自20世纪70年代出现至今的工作生活质量，在企业管理过程中兴起，以管理实践的形式推动着理论的发展。现有文献关于工作生活质量的研究为我们打下了良好的基础。但不容置疑的是，虽然经过40多年的发展，工作生活质量的理论研究并不成熟。由于研究视角、价值取向的差异，工作生活质量的内涵还不够清晰，维度过于庞杂，测量工作未被广泛接受。研究者大多从各自关注的内容出发，在实证调查的基础上，调查样本往往是某一特殊群体，线索仍然不够清晰，导致工作生活质量在实践中难以对员工进行有效评价。

  国内对工作生活质量多集中在其影响因素上的研究，其对企业管理的影响作用的研究比较缺乏。哪些因素会影响工作生活质量对员工工作绩效的影响？在如今快速发展的企业里，特别是面对面接触顾客的服务型企业中，该如何有效地评估员工的工作绩效？众所周知，工作生活质量影响员工工作绩效，但它究竟是如何影响的，是否通过其他心理变量诸如敬业度和情感承诺产生影响？这些问题都需要深入的探讨和论证。另外，作为稳定个体特质的成就目标定向，在工作情境中如何调节员工的绩效？虽然国内外相关研究已有所贡献，但现阶段还缺乏综合性的实证探索，对该问题还缺乏结论性的提升和整合。

第三章

研究框架与假设

第一节 研究模型：工作生活质量对员工工作绩效的作用机制

本章主要验证工作生活质量通过敬业度、情感承诺影响员工工作绩效的作用机制。具体而言，主要探讨工作生活质量对员工工作绩效的直接作用机制。工作生活质量通过敬业度、情感承诺影响员工工作绩效的间接作用机制，以及目标定向对工作生活质量和敬业度的调节作用。

企业通过给员工提供一定的资源、待遇，以及营造良好工作氛围，使员工在工作中的需求得到满足，员工感知到较好的工作生活质量，对待工作产生积极的心理状态，对待组织产生依恋的积极情绪，通过努力劳动，为组织经营目标的实现做出贡献。这一过程预示着较高工作生活质量，会使员工拥有较好的工作绩效和较低的离职率和人际疏离感（Carter, 1990; Donavan, 2004; Efraty, 1991; Hombury & Stock, 2004; Lewellyn & Wibker, 1990）。敬业度作为一种心理状态体验，在工作、个人资源与组织绩效中起着中介作用（Schaufeli & Bakker, 2010）。

情感承诺是除敬业度之外，影响员工工作绩效的另外一个中介变量，与敬业度一样，都与员工感知的工作生活质量与员工工作绩效的行为相关联。因此，本研究选取敬业度、情感承诺作为工作生活质量和员工工作绩效之间关系的中介变量。

根据社会交换理论（Social Exchange Theory, SET），在组织中，员工以个体的劳动换取组织的报酬，用对组织的忠心赢得组织对个体的支持。组织通过员工的努力工作获得更多的收益，二者的相互依存即为社会交换关系（Rhoades & Eisenberger，2002）。尽管组织一直以来非常重视员工的工作绩效，很多研究表明，无论从员工个人因素诸如年龄（Verhaegen & Salthouse，1997；Sturman，2003；Skirbekk，2004）、性别（Segal，1992；Stroh，Bret & Reilly，1992；Gree，2007；Lyness & Heilman，2006；Beck，2009）、工作满意度（Baird，1976；Iaffaldano & Muchinsky，1985；Kraus，1995；Spector，1997；Judge，2001；Thomas，2009；Rene Ziegler，2012；Achmad，2013）、心理因素（Tae-Yeol，2009；Emin，2012），还是工作因素诸如工资（Lazear，2000；Lemieux，2009；Muralidharan & Sundararaman，2009）、工作压力（Chen & Hung，2006；Gilboa，2008；Jamal，2007）、客户服务质量（Schneider，1980；Julian & Ramaseshan，1994；Akviran，1999）、服务氛围（Sean A. Way，2010；John W. Michel，2012）、过程公平（Achmad Sani，2013；Michael J. Tews，2013）、组织政策（Liu-Yun Sun，2007；Hui Liao，2009；David Pitts，2009；Mindy，2012；Anne，2013）等方面都与员工个人工作绩效相关，但是，作为一个既反映员工个人对工作的整体感知，又涵盖了工作结构因素，能够全面描述工作实际状况的工作生活质量，对员工工作绩效的影响研究却一直被忽视。在对工作生活质量相关文献的梳理中发现，虽然工作生活质量较高的员工拥有较高水平的组织认同、工作满意度、工作绩效和较低水平的离职率和人际疏离感（Carter，1990；Lewellyn & Wibker，1990；Efraty & Sirgy，1990；Efraty，1991；Donavan，2004；Hombury & Stock，2004），但是目前并没有系统的研究在工作情境中，特别是面对面接触顾客的服务行业中，工作生活质量与员工工作绩效之间的关系。本研究将以此为切入点，探索服务型企业中，工作生活质量如何影响员工的工作绩效。

本研究将运用工作要求—资源模型（JD-R）解释敬业度在工作生活质量与员工工作绩效间的中介作用。本文引用Schaufeli，Salanova，Gonzalez-Roma和Bakker（2002）对敬业度（work engagement）所下的定义：它是与工作倦怠负相关的清晰概念，具有活力、奉献和专注的特点，它不聚焦于特定的个体、行为或事件，而是一种持久稳固和普遍深入的认知情感体验，是一种积极的、令人满足的、与工作有关的心理状态。这里需要特别说明的是，在国外文献中，虽然"employee engagement"和"work engagement"可以相互替换,但"work engagement"多指员工与他所从事的工作的关系,"employee engagement"除此以外,还包括其与组织的关系,这就与传统的组织行为中诸如组织承诺等概念的界限变得模糊不清。本研究所指的员工敬业度(work engagement)特指与工作有关的员工敬业度。

如果把员工—组织关系看成是一种社会交换关系,组织承诺就是该交换关系建立后员工的心理感受。在Meyer和Allen定义的组织承诺的三个维度(情感承诺、持续承诺、规范承诺)中,情感承诺作为员工在情感上对组织认同和投入的总强度,解释力最强。员工通过个体的劳动换取组织给予的酬金,以对组织的忠诚换取组织对个体的关怀。员工通过自身的努力工作为组织的发展出力。二者形成的相互依赖关系即为一种社会交换关系的形成(Rhoades & Eisen-berger,2002)。工作任务的高自主性(Dunhan,1994)、员工所用技能的多样性(Colarelli, Dean & Konstans,1987;Dunham, Grube & Castaneda, 1994;Steers, 1977)、组织分权(Bateman & Strasser, 1984;Morris & Steers, 1980)、工作的安全性高(Ashford, Lee & Bobko, 1989)等工作生活质量的主要维度都会使员工产生较高的情感承诺。另外,在工作情境中,领导作为组织的代理人,与员工的互动有助于员工产生对组织的依恋感。领导提供给员工较多的支持、信任,会增强员工对组织的忠诚,双方产生互惠的交换关系(Avolio, Weichun, Koh & Bhatia, 2004)。而对组织有强烈情感承诺的员工工作更努力且绩效更高(Bycio, Hackett & Allen, 1995;Ingram, Lee & Skinner, 1989;Leong, Randall & Cote, 1994;Randall, Fedor & Longenecker, 1990;Sager & Johnson, 1989;Kim & Mauborgne, 1993)。

目标定向是近年来在组织管理研究领域引起大量关注的变量。成就目标具有行为的指向作用,意味着个体在成就情境中从事与个人成就信念一致的行为,具有行为激活的功能(Pintrich & Sehunk, 2002)。教育心理学与组织心理学研究指出,目标定向在人力资源决策中发挥重要作用,诸如招聘(Rynes & Gerhart, 1990)、选拔(L. Roberson & Alsua, 2002)、培训(K. G. Brown, 2011)和绩效评估(Vande Walle & Cummings, 1997)。与工作相关的诸如组织氛围和文化(Potosky & Ramakrishna, 2002)、组织变革(Gully & Phillips, 2005)、领导力(Janssen & Van Yperen, 2004)和团队建设(Bunderson & Sutcliffe, 2003)。在组织环境与个体行为的研究中,目标定向等个体层次的认知差异至关重要(Button, Mathieu

& Zajac，1996；Farr，Hofman & Ringenbach，1993）。作为相对稳定的个体差异因素，成就目标定向对动态复杂情境中的绩效有着重要影响（Button & Mathieu，1996）。个体特质的成就目标定向对工作绩效的影响如何？是本研究进一步探讨的焦点。具体说，本研究假设学习目标定向会加强工作生活质量与员工工作绩效的相关关系，绩效目标定向会削弱工作生活质量与员工工作绩效的相关关系。

综上所述，本研究认为：工作生活质量会对员工工作绩效产生直接影响；本研究在进一步探索工作生活质量与员工工作绩效之间关系的过程中，提出敬业度、情感承诺在工作生活质量与员工工作绩效间的中介作用。最后，构建目标定向（绩效目标定向和学习目标定向）的调节作用。本研究理论模型框架如图3-1所示。

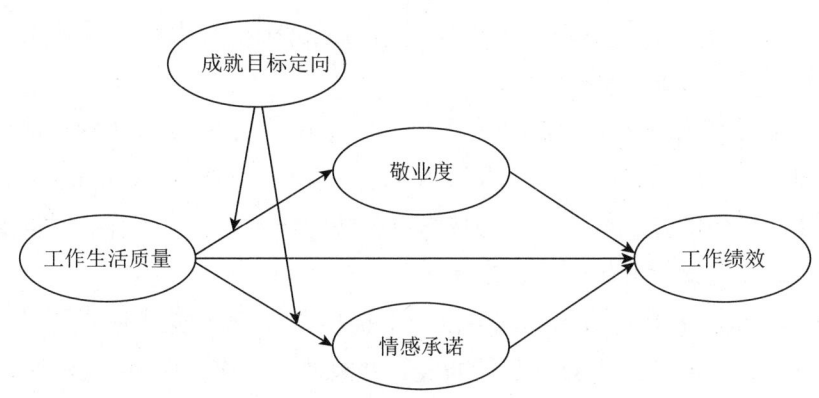

图3-1　本研究理论模型框架

第二节　工作生活质量对员工工作绩效的直接效应

工作生活质量是个人与情境因素相互作用下的，员工对工作环境、工作经历和工作回报是否满足其需求的感知（Kaushik & Tonk，2008；Koonmee，2010）。工作生活质量反映了员工和其所处的工作环境间关系的质量。体现了组织创造条件促进员工个人学习和发展，为员工提供工作中自我决策、创造员工工作的价值，以使员工拥有更高的工作满意度的本质（Kaushik & Tonk，2008）。根据社会交换理论

（Social Exchange Theory，SET），员工感知较高的工作生活质量，会以个体的努力工作和对企业的忠诚为提高企业绩效贡献力量。在面对面接触顾客的服务型企业中，除了能够明确记录员工成绩的任务绩效外，那些为提供优质服务，提高顾客满意度员工自发的行为也是组织积极倡导的，因此，顾客导向的组织公民行为也被企业纳入员工绩效评估的范畴。

尽管目前工作生活质量这个多维构念还未完全厘清，但已有文献对工作生活质量的研究已捕捉到一些关键点，包括：工作安全感、较好的奖励机制、更高的薪酬、成长机会、合作的团队等。在传统的科学管理学派中，工作生活质量的满意仅被认为是"外在"的工作特征，即薪酬和福利，以及工作场所的安全等保健因素。与此相反，人际关系理论强调，尽管"外在激励"是重要的，"内在激励"才是提高生产力、提高效率、降低缺勤率与离职率的关键指标。内在激励特指"工作任务"的技术水平、自主性和挑战性。

很多文献已强调工作生活质量因子构成（Srinivas，1994）和工作生活质量的实证检验的重要性（Levine et al.，1984；Mrvis & Lawler，1984；Walton，1974）。本研究工作生活质量的主要构成因子为技术自主性、任务控制、工作和时间压力、体力消耗、工作安全感、主管和同事支持。

Heskett，Sasser 和 Schlesinger（1997）提出工作生活质量通过员工对他们工作、同事和公司的感觉，会对其公司的成长和效益产生连锁效应。Tho D. Nguyen（2012）通过实证研究也发现，工作生活质量正向影响员工的生活质量和工作绩效。运用标准普尔500公司样本，Lau（2000）发现，对比5年的销售增长和资产增长，工作生活质量高的公司显示出较高的增长率。袁媛、王乃苗（2006）通过对中远散货运输有限公司300名员工调研发现，企业通过改善员工的工作生活质量可以有力提升员工绩效，进而达到提高组织绩效的目的。改进员工的工作生活质量将不仅促进组织的生产力，也可以提高员工的自我实现价值（Sirgy，2008；Vagharseyyedin，2011）。一项针对护理行业员工的调查发现，增加工作的自主性，沟通渠道畅通有助于提高护士们的工作质量，反过来提高了护士们对病人的照料（Gauri S. Rai，2013）。一家公司改进员工工作生活质量会得到更好的顾客服务的回报（Campion & McClelland，1991）。基于以上的理论和实证研究，本研究提出如下假设：

假设1：工作生活质量对员工工作绩效具有正向影响。

假设1a：工作生活质量对员工顾客导向的组织公民行为具有正向影响。

假设1b：工作生活质量对员工任务绩效具有正向影响。

第三节　路径1：敬业度的中介效应

Koyuncu等（2006）使用UWES工作敬业度量表对286名土耳其银行的女职员进行调研，得出导致敬业度的前因变量有工作量、工作控制、薪酬与认同、社交支持、公正、个人与组织匹配。工作生活质量在本研究中特指"由个人与情境因素相互作用下的，员工对工作环境、工作经历和工作回报是否满足其需求的感知"（Koonmee，2009）。其维度构成包括：技术自主性、任务控制、工作与时间压力、工作不安全感、主管与同事支持。虽然目前没有文献直接说明工作生活质量与敬业度的关系，但我们从Koyuncu的研究中可以发现其讨论的前因变量与工作生活质量的结构因子基本契合。

运用JD-R模型作为理论框架，我们得出工作反馈（Schaufeli & Bakker，2004；Salanova & Schaufeli，2008；Van den Broeck, Vansteenkiste, De Witte & Lens，2008）、工作任务的多样性（Salanova & Schaufeli，2008）和任务自主性（Van den Broeck, Vansteenkiste, De Witte & Lens，2008）都会导致员工较高的敬业度。仅以任务自主性为例，工作任务的自主性导致员工对工作的心理归属感。因为拥有较高自主性的员工可以依靠自己的努力和决策完成工作，而不仅仅听从上级的指令或严格按照工作流程做事（Hackman & Oldham，1976）。此外，任务的自主性会使员工拥有代理人的感觉，从而主动热忱地投入工作，表现出对工作的敬业（kahn，1990）。研究表明，在工作中有自主性的员工表现出较高的热情、较低的倦怠（Saavedra & Kwun，2000）和较高的价值感和敬业（Kahn，1990）。而且，当员工感受到自己的工作是安全、稳定的，也会更加专注于工作。

社会因素是员工在工作中保持活力、热情和积极性的决定因素（Watson，2000），也对员工的敬业度发挥着重要作用，员工感知的来自主管与同事的社会支持与敬业度呈正相关关系（Bakker & Demerouti，2007）。在敬业度的JD-R模型中，工作资源，即来自主管和同事的支持会激发员工投入工作的热忱，并带来好的绩效结果。而且,一个相互支持的工作环境会给员工带来信号——他们是有价值的。当员工感知到组织善待他们,他们将更可能花费时间和精力投入工作中,充满热情地处理工作。根据社会交换理论的互惠原则,员工受到激励会更加敬业(Kraimer, Seibert, Wayne, Liden & Bravo, 2011; Nahrgang, 2011)。总之,员工感知的社会支持对于员工能够更加充满活力、奉献精神和专注于工作至关重要,而这恰恰就是我们所说的敬业度。

尽管现有文献没有直接证据阐述工作生活质量和敬业度之间的关系,但是,一些学者已经从任务自主性、工作控制、工作量及时间压力、工作安全感以及社会支持诸多方面讨论了与敬业度的关系。大致为我们描绘出二者可能存在的相关关系。根据以上的实证研究及理论推导,本研究提出以下假设:

假设2:工作生活质量对敬业度具有正向影响。

提高工作绩效是理论研究和实证研究关注的重大问题(Staw, 1984)。关于工作绩效,我们主要涉及两个维度:任务绩效(task performance)和顾客导向的组织公民行为(customer oriented organizational citizenship behaviors, CO-OCB)。服务型企业的经理们在评估员工绩效时应将这两方面纳入正式的评价体系(Rotundo & Sackett, 2002)。

实证检验发现,敬业度和团队绩效(Harter, Schmidt & Hayes, 2002)、个人绩效(Rich, Lepine & Crawford, 2010; Christian, 2011)和角色内绩效(Bakker & Bal, 2010)有正向关系。Fredrickson(2001)提出的拓展—建构理论解释了敬业度与任务绩效的正向关系。敬业的员工体验着积极情绪,会对工作更加专注,并持有开放的胸怀,这种状态下的员工在工作中怀有创新的冲动,愿意采用新方法解决问题,提高个人任务绩效。

顾客导向的组织公民行为(Customer-oriented OCB, CO-OCB)是指"为了提供优质服务,提高顾客满意度,员工所做的超出其工作范围的、有利于顾客的行为(Dimitriades, 2007)"。为了让顾客满意,员工从事的非工作范围之内的活动,创造性地帮助客人解决突然出现的问题(Bitner, 1990; Carlson, 1987),帮助同事以便更好地为客人提供优质服务(Gronroos, 1995),以及为提高服务水平主动献计献策(Bowen & Lawler, 1992)。员工通过这类积极主动的、超越个人核心工作任务的行为为组织开发新战略、追求更高的目标做出了贡献（Fay & Sonnentag，2012）。Saks（2006），Rich（2010），Babcock-Roberson与Strickland（2010），和Sonnentag（2003）研究还发现，敬业度导致积极主动的行为和追求卓越的信心。Fredrickson（2001）的拓展—构建理论和相关的研究对敬业度和顾客导向的组织公民行为之间的正向关系（Fay & Sonnentag，2012）做出解释。拓展—构建理论主张，敬业的员工处在一种积极的心理状态中，这种积极情绪通过促使个体积极思考，工作中有意扩展个体的注意、认知、行动范围，从而产生更多的创造性行为、对客人更多地关注和更加开放地接受信息（Fredrickson，2001）。相关实证研究支持了敬业度和组织公民行为之间的关系。基于以上理论阐释和实证依据，本研究提出以下假设：

假设3：敬业度对员工工作绩效具有正向影响。

假设3a：敬业度对员工顾客导向的组织公民行为具有正向影响。

假设3b：敬业度对员工任务绩效具有正向影响。

本文引用Schaufeli，Salanova，Gonzalez-Roma和Bakker（2002）对敬业度（work engagement）所下的定义：它是与工作倦怠负相关的清晰概念，具有活力、奉献和专注的特点，它不聚焦于特定的个体、行为或事件，而是一种持久稳固和普遍深入的认知情感体验。是一种积极的、令人满足的、与工作有关的心理状态。根据JD-R模型，工作资源可以激励员工，促进他们在工作中的坚持，并让他们更加专注于工作。也就是说，资源在活力、奉献和专注三个维度上培养了员工的敬业精神。JD-R模型假设敬业度正向影响工作绩效等结果变量，即敬业度在工作和个人资源与企业绩效方面起到中介作用，是一个积极促进的过程。而工作要求（即指员工在工作中必须付出心理、精神、体力等方面的努力和成本）虽然本身并不一定完全属于负面因素，但当工作量过大、时间压力、角色冲突和在工作中充斥着各种繁文缛节时，员工不得不为了不降低绩效而多花精力来应对，这种补充性的投入不可避免地伴随着身体和心理上的疲劳与易怒，员工往往会产生沮丧、焦虑、倦怠等负面情绪，给员工带来负面的破坏性的感受，以及带来下降的工作绩效（Melamed，Shirom，Toker，Berliner & Shapira，2006）。在JD-R模型中讨论的工作资源（如工作反馈、工作控制和同事间的社交支持）和工作要求（如时间压力、工作量、角色模糊）两个敬业度的前因变量中，我们不难发现涵盖了工作生活质量的诸多因素。由此，我们推断，敬业度是否在工作生活质量与员工工作绩效间发挥着中介作用。

大量的实证研究已经证明工作特征与员工态度和行为相互印证的关系（Fried & Ferris, 1987; Humphrey, 2007）。比如，研究发现，工作任务的多样性和员工的自主性与个人生产力和产品质量正向相关（Devaro, Li & Brookshire, 2007）。自主性也与员工工作满意度（Garrido, Perez & Anton, 2005; DeVaro, 2007）、组织承诺（Noblet, Teo, McWilliams & Rodwll, 2005）和知识交换参与（Cabrera, Collins & Salgado, 2006）正向相关。工作特征模型主张以上研究之所以能够产生积极的结果，是因为在自变量与因变量之间存在着关键心理状态的中介作用（Hackman & Oldham, 1976）。比如，工作任务的多样性会导致员工对所从事的工作意义的感知。

敬业度作为一个独立的构念，不同于其他相关的态度变量（诸如内在动机、参与和承诺）的观点在学术界已得到普遍的认同（Hallberg & Schaufeli, 2006; Seppala, 2009）。我们不难发现，"员工对工作意义的感知"这一关键心理状态在概念上与敬业度中的"奉献"维度类似，员工感知自己的工作的价值，内心充满热情和自豪感。而工作特征的工作任务多样性、自主性、重要性、完整性和反馈也与工作生活质量的维度基本一致。

另外，最近一项对英国雇员的研究表明，在员工可获得的工作资源与组织结果变量——组织公民行为、员工的反生产行为和任务绩效中，员工敬业度起到中介作用（Shantz, Alfes, Truss & Soane, 2011; Sulea, Virga, Maricutoiu, 2012）。Bruce Louis Rich（2010）通过对245名消防员和他们主管报告的其个人绩效发现，在价值观共享（value congruence）、感知的组织支持（perceived organizational support）和核心自我评价（core self-evaluation）与个人绩效（任务绩效、组织公民行为）的关系中，敬业度起到中介作用。Zeynep Y. Yalabik（2013）运用交叉滞后研究设计，探讨员工敬业度作为中介变量，在情感承诺、工作满意度与个人绩效（主管测评）和离职倾向（自我报告）之间的影响作用。研究发现，敬业度在情感承诺到个人绩效和离职倾向中起到完全中介作用；敬业度也在工作满意度到个人绩效中发挥作用，但在离职倾向中只起到部分中介的作用。

基于以上理论阐述和实证研究，本研究提出以下假设：

假设4：敬业度在工作生活质量对员工工作绩效的影响中起中介作用。

假设4a：敬业度在工作生活质量与员工顾客导向的组织公民行为的关系中起中介作用。

假设4b：敬业度在工作生活质量与任务绩效的关系中起中介作用。

第四节　成就目标定向对工作生活质量和敬业度的调节效应

根据JD-R模型的理论框架，我们得出工作反馈（Schaufeli & Bakker，2004；Salanova & Schaufeli，2008；Van den Broeck，Vansteenkiste，De Witte & Lens，2008）、工作任务的多样性（Salanova & Schaufeli，2008）和任务自主性（Van den Broeck，Vansteenkiste，De Witte & Lens，2008）都会导致员工较高的敬业度。例如，任务的自主性会使员工拥有代理人的感觉，积极主动地投入工作，表现出对工作的敬业（kahn，1990）。研究表明，在工作中有自主性的员工表现出较高的热情、较低的倦怠（Saavedra & Kwun，2000）和较高的价值感和敬业（Kahn，1990）。并且当员工感受到自己的工作是安全、稳定的，也会更加专注工作。尽管如此，但是不同的人对此的反应也各不相同（Terborg，1981）。在成就目标定向中，个体根据自己头脑中的框架来看待、解释同一问题，并对此作出不同的反应（Brett & Vande Walle，1999；Weick，1995；Yeo & Neal，2004）。因此，成就目标定向这一个体层次的认知差异在组织环境和个体行为的研究中至关重要（Button，Mathieu & Zajac，1996；Farr，Hofman & Ringenbach，1993）。

个体在与胜任有关的情境中，其知觉到的执行任务的原因或目的即为成就目标定向。这一概念在是动机研究领域影响广泛。成就目标定向会影响个体对任务目标的理解和反应方式，影响个体努力的态度（Leggett & Dweck，1986）以及个体对任务困难度和任务失败的反应（Elliott & Dweck，1988；Dweck & Leggett，1988；Dweck and Elliott，1983），因此，它也是一种激励性取向。成就目标定向分为两种：学习目标定向与绩效目标定向。

绩效目标定向的员工关注的是成功的标准，即在别人眼里自己的能力如何（Dweck & Leggett，1988；Payne，2007）。绩效目标定向的员工拥有更高的动机是要满足自己的标准，即不要在外人面前表现出自己能力不够（Janssen & Van

Yperen，2004）。为了维持自尊，高绩效目标定向的员工产生了工作压力，这种压力使他们焦虑，对他们全心投入工作产生了破坏作用（Elliot & Harackiewicz，1994）。工作自主性高通常带来任务的不确定性也高，研究发现，绩效目标定向的员工一般都避免不确定性高的任务，因为这会产生让他们在外人前出丑的风险（Dweck，1986；Janssen & Van Yperen，2004）。当面对挑战性的工作时，绩效目标定向的员工因感到自尊受到威胁表现出焦虑（Janssen & Van Yperen，2004），不像学习目标定向的员工那样努力克服困难，更倾向于退缩行为和掩盖行为（Siderides，2005）。

学习目标定向是员工相信个人能力是动态可以改变的，只要付出努力就可以有绩效上的提高（Dweck，1986；Janssen & Van Yperen，2004）；学习目标定向关注个人通过完成任务掌握技能和提高能力，与过去的自己相比提高了竞争力（Cellar et al.，2011；Payne et al.，2007）。通过对学习目标定向文献的元分析也显示，学习目标定向与适应性激励过程和结果：如内在动机，持续学习和工作绩效正向相关（Cellar，2011；Hulleman，2010；Payne，2007）。高学习目标定向的员工愿意接受挑战性的任务，具有典型的自我驱动、面对困难坚持到底的特征（Dweck，1986；Ntoumanis，2001；Rawsthorne & Elliot，1999）。所以，会把不确定和角色外的任务当成积极的挑战，激发内在动机去执行角色内或角色外的职责。而且，高学习目标定向的员工更加适应变化的工作，认为工作中的改变是不可避免的（Dweck & Leggett，1988），所以他们能够更好地处理复杂和不熟悉的任务（Elliot & McGregor，2001）。坚持不懈的特质利于他们拥有处理复杂任务的能力。学习目标定向的员工更加积极地对待自己的工作角色，愿意在工作中有更多的自主性（Rawsthorne & Elliot，1999）。学习目标定向的员工也更愿意接受复杂的、不确定性高、有挑战性的工作，他们会投入更多的精力来解决这些难题（Dweck，1999；Farr，1993）。学习目标定向与自身兴趣、对工作任务的热衷与满意等心理因素相关（Barron & Harackiewicz，2000；Harackiewicz et.，1997；Pintrich，2000）。这说明高学习目标定向的员工往往通过更加积极的内部动机来应对工作中的挑战，并专注于工作任务本身，坚持不懈地投入（Dweck & Leggett，1988，Duda，2001；Dweck，1999）。进一步说，学习目标定向越高的员工越愿意迎接工作中的挑战、更加专注于工作本身，更相信高绩效意味着自身能力水平的提高（Dweck &

Leggett，1988）。因此，本研究认为，成就目标定向并不是员工工作绩效的直接决定因素，而是通过对工作生活质量与敬业度之间关系的调节而发挥作用。基于此观点，本研究提出如下假设：

假设5a：学习目标定向在工作生活质量对敬业度的影响关系中起正向调节作用，即学习目标定向越高，工作生活质量对敬业度的影响越大，学习目标定向越低，工作生活质量对敬业度的影响越小。

假设5b： 绩效目标定向在工作生活质量对敬业度的影响关系中起反向调节作用，即绩效目标定向越高，工作生活质量对敬业度的影响越小，绩效目标定向越低，工作生活质量对敬业度的影响越大。

第五节　路径2：情感承诺的中介效应

Meyer和 Allen（1991）提出了组织承诺是员工与组织之间心理上的联系的观点，由情感承诺、持续承诺、规范承诺三个维度组成。情感承诺是指员工对组织认同、投入以及情感上的依恋，员工情感上有很强的留在组织中的承诺，因为他们"想这样做（want to do so）"；持续承诺是员工通过计算自己如果离开组织的利益损失后留在组织的承诺，因为他们"不得不这样做（have to do so）"；规范承诺是员工出于责任或义务留在组织中的承诺，因为他们觉得自己"应该这样做（ought to do so）"。在Meyer和Allen组织承诺的这三个维度中，情感承诺被学者们广泛研究，最能够归纳研究目标，并且是最能预测员工行为的变量（Morin，2011）。

关于情感承诺的前因变量，前人已做过大量研究。大致可以分为个人和组织因素（Becker，2009）。由于个人因素不属于本文的研究范畴，我们略去不谈。影响情感承诺的组织层面的变量主要包括组织氛围、公平、感知的外部声望、组织支持以及工作任务的多样性、自主性、角色清晰等工作本身的特征（Mowday，1982；Dunhan，1994；Colarelli, Dean, & Konstans, 1987；Dunham, Grube & Castaneda, 1994；Steers, 1977；Ashford, Lee, & Bobko, 1989）。通过对比，我们不难发现，这些前因变量中有很多属于工作生活质量的因子。

工作生活质量在早期曾被认为是雇佣率、工作安全、薪酬福利的同义词（Elizur & Shye，1990），但是这种仅包含客观工作条件的概念很快落伍，因为它忽略了人的要素，即员工对工作整体的个人感知。随着社会的发展，工作生活质量慢慢演化成为一个主观员工感受与客观工作条件混合的构念。工作生活质量作为个人对工作和组织的认知评估与主观经验感受，包括工作任务、决策的自主性、任务控制，工作和时间压力，角色模糊，体力消耗，工作危险性，工作不安全感，工作价值匮乏，主管支持，同事支持等维度。企业可以通过改进员工的工作生活质量来增强员工的组织承诺。对于个人来说，高水平的工作生活质量往往与工作满意度、承诺、身体健康和幸福感联系在一起（Allen & Meyer，1996）。根据社会交换理论，如果把员工—组织关系看成是一种社会交换关系，组织承诺就是该交换关系建立后员工的心理感受。较高的工作生活质量有利于培养员工对组织的情感承诺，是组织吸引和保留有价值员工的砝码，而这些员工也会为企业带来利润（Lau & May，1998）。

由此，我们推断在工作生活质量与情感承诺间存在较强的正向关系，即员工感知的工作生活质量越高，员工对组织的情感承诺就越强。因此，本研究提出如下假设：

假设6：工作生活质量对情感承诺具有正向影响。

如前所述，虽然Meyer（1991）的组织承诺3维度模型理论上界定清晰，但在实证检验结果中出现不一致的现象，通过分别对情感承诺、持续承诺、规范承诺3个维度对组织有效性是否产生积极影响的研究，Iverson和Buttigieg（1999）发现情感承诺效果最好，所以学者们通常使用情感承诺作为组织承诺的操作概念（Solinger，2008；Ko，1997）。Meyer（2002）通过元分析发现，与规范承诺和持续承诺相比，情感承诺对工作绩效、组织公民行为显示出更强的关联。实证研究发现，对组织有强烈情感承诺的员工工作更努力且绩效更高（Bycio, Hackett & Allen, 1995; Ingram, Lee & Skinner, 1989; Leong, Randall & Cote, 1994; Randall, Fedor & Longenecker, 1990; Sager & Johnson, 1989; Kim & Mauborgne, 1993）。

员工的工作绩效包括任务绩效与情境绩效。任务绩效是对工作结果的考核。情境绩效是关注员工的行为表现，侧重于过程的考核。主要是员工的组织公民行为。现有研究表明，情感承诺会对组织公民行为产生积极影响。当员工自愿超越其工作任务要求做出更好的成绩时，即产生了组织公民行为（OCB）。特别是在服务业中，组织公民行为（OCB）显现出其对组织绩效和商业表现的有益贡献

（Bettencourt & Brown，1997；Kelley & Hoffman，1997；Bell & Menguc，2002）。

通过对已有文献的梳理，我们发现情感承诺是能够显著预测组织公民行为的3个前因变量之一（Podsakoff，1996；McKenzie，1988），它是组织公民行为的预测变量（Williams，1991），情感承诺导致了个体不需要外部强加的、仅凭个人意愿的工作场所的亲社会行为（Anderson，1991）。情感承诺与组织公民行为正相关，而持续承诺与组织公民行为负相关（Shore & Wayne，1993）。根据社会交换理论，员工对组织的情感承诺会对其工作产生积极影响（Dunham，Grube & Castaneda，1994），具体表现在员工为回报组织，更加改进的角色内绩效和超越工作要求的角色外绩效，即组织公民行为。Bergami（2000）的研究发现，情感承诺和自尊是组织公民行为的两大动力。Tepper，Duffy，Hoobler和Ensley（2004）研究进一步表明，员工的组织公民行为会显著影响其工作绩效，并有助于提高组织积极的工作氛围，从而导致更高的角色内绩效。

综上所述，关于情感承诺对员工工作绩效的影响，学者们已经进行了大量的研究，其中涉及情感承诺与工作绩效的不同维度，证明二者之间存在着正向的影响。本研究在此基础上，提出以下假设：

假设7：情感承诺对员工工作绩效具有正向影响。

假设7a： 情感承诺对员工顾客导向的组织公民行为具有正向影响。

假设7b： 情感承诺对员工任务绩效具有正向影响。

情感承诺是员工情感上对组织的依赖，也是员工表达的对组织的态度。在组织管理研究领域，情感承诺的产生有三方面因素：工作因素、角色状态和心理契约。工作因素的工作任务自主性、组织支持、公正、参与以及领导—成员关系均与情感承诺正相关。员工感知到组织为提高他们的待遇和能力的努力，会导致他们对组织更强的情感上的依恋（Mathieu & Zajac，1990）。同样，当组织精心营造这种与员工情感上的依附关系时，也会促使员工在工作中表现出更高的亲社会行为（Aryee，Budhwar & Chen，2002）。

理论上对于情感承诺中介变量的解释可以追溯到社会交换理论（Blau，1964）。这一理论断言当雇佣双方遵守交换原则时，他们将建立更加信任和忠诚的关系。这是因为"构成社会交换的行为取决于对他人予以回报的反应，那么随着时间的推移,双方自然成为互惠的交易和关系"(Cropanzano & Mitchell,2005)。对企业有着较强认同感和情感依赖的员工更愿意好好工作,是因为这会给他们带来相互有利的交换。感知工作自主性高的员工觉得组织信任自己,自己必须努力工作,才能无愧于组织给他的大量资源。相反,如果员工觉得在组织中受到不公正待遇,会因此气愤、不满并在工作中体现出退缩行为。

无论对于组织和员工,情感承诺都是一个积极的概念,具体表现为降低离职率、增加员工的组织公民行为,为组织创造更多的顾客,提高组织绩效。最近Eisenberger(2010)的研究有了新的发现,情感承诺在员工的角色内绩效($r=0.19$)和角色外绩效($r=0.39$)之间存在正相关关系。情感承诺作为中介变量在领导—成员交换关系与员工个人绩效中发挥作用。Carmeli(2005)发现,情感承诺在组织声望和组织公民行为之间起到了中介作用。在环境的反馈与组织公民行为之间,情感承诺也起到中介作用(Norris-Watts & Levy 2004)。

情感承诺构成了员工对组织的感情投资(Allen & Meyer,1990)。员工对组织的情感投入不仅是因为在组织中受到公正的对待,而且组织真心关注着员工的利益。这促使员工把组织看作情感的寄托,并忠实于组织,愿为组织努力付出。员工把个人的福祉与组织的福祉紧密联系在一起,以此达成个人与组织间的对等交换。一旦员工与自己所在的企业建立起这种积极的态度,他们就愿意扩展自己的资源,发挥潜力,无论分内分外,积极工作。社会交换理论和资源保存理论均支持以上观点。

我们还可以从互补性和一致性两个方面解释这一现象:员工会效力于组织,也需要组织满足他们的需求,员工对于组织的情感承诺可以在这种有效的互补中得到提升,员工进而更多地为组织做出贡献,形成良性循环;且当员工与组织的价值观一致时,会表现出对于组织的认同与依赖。

尽管以往的一些文献显示情感承诺在员工工作绩效中发挥着中介作用(Cropanzano,2003;Halbesleben & Bowler,2007),但是我们对其如何在整体模型中发挥作用,尚未得出清晰的答案。因此,本研究提出以下假设:

假设8:情感承诺在工作生活质量对员工工作绩效的影响中起中介作用。

假设8a:情感承诺在工作生活质量与员工顾客导向的组织公民行为的关系中起中介作用。

假设8b:情感承诺在工作生活质量与任务绩效的关系中起中介作用。

第六节 成就目标定向对工作生活质量和情感承诺的调节效应

较高工作生活质量的员工拥有较高水平的组织认同、工作满意度和工作绩效（Carter, 1990; Donavan, 2004; Efraty & Sirgy, 1990; Efraty, 1991; Hombury & Stock, 2004; Lewellyn & Wibker, 1990）。但是不同的人对此的反应也各不相同（Terborg, 1981）。在成就目标定向中，个体根据各自头脑中的逻辑框架来看待、解释同一问题，并对此做出不同的反应（Brett & Vande Walle, 1999; Weick, 1995; Yeo & Neal, 2004），因此，关注成就目标定向这一个体层次的认知差异在组织环境和个体行为研究十分必要（Button, Mathieu & Zajac, 1996; Farr, Hofman & Ringenbach, 1993）。成就目标定向分为两种：学习目标定向与绩效目标定向。

绩效目标定向的员工关注的是在别人眼里自己的能力如何（Dweck & Leggett, 1988; Payne, 2007）。绩效目标定向的员工拥有更高的动机是要满足自己的标准，即不要在外人面前表现出自己能力不够（Janssen & Van Yperen, 2004）。为了维持自尊，高绩效目标定向的员工产生了工作压力，这种压力使他们焦虑，对他们全心投入工作产生破坏作用（Elliot & Harackiewicz, 1994）。工作自主性高一般意味着任务的不确定性也高。研究发现，绩效目标定向的员工一般都避免不确定性高的任务，因为这会产生让他们在外人面前出丑的风险（Dweck, 1986; Janssen & Van Yperen, 2004）。当面对挑战性的工作时，绩效目标定向的员工因感到自尊受到威胁表现出焦虑（Janssen & Van Yperen, 2004），不像学习目标定向的员工那样努力克服困难，更倾向于退缩行为和掩盖行为（Siderides, 2005）。

学习目标定向是员工相信个人能力是动态可以改变的，只要付出努力就可以有绩效上的提高（Dweck, 1986; Janssen & Van Yperen, 2004）。学习目标定向关注个人通过完成任务掌握技能和提高能力，与过去的自己相比提高了竞争力（Cellar, 2011; Payne, 2007）。通过对学习目标定向文献的元分析也显示，学习目标定向与适应性激励过程和结果：如内在动机，持续学习和工作绩效正向相关（Cellar, 2011; Hulleman, 2010; Payne, 2007）。高学习目标定向的员工愿意接受挑战性的任务，具有典型的自我驱动，具有面对困难坚持到底的特征（Dweck，1986；Ntoumanis，2001；Rawsthorne & Elliot，1999）。所以会把工作中的不确定和角色外的任务看作积极的挑战，激发内在动机去执行角色内或角色外的职责。而且，高学习目标定向的员工更加适应变化的工作，认为工作中的改变是不可避免的（Dweck & Leggett，1988），所以他们能够更好地处理复杂和不熟悉的任务（Elliot & McGregor，2001）。坚持不懈的特质有易于他们处理复杂任务的能力。学习目标定向的员工更加积极地对待自己的工作角色，愿意在工作中有更多的自主性（Rawsthorne & Elliot，1999）。研究表明，高学习目标定向对员工在工作中遭遇失败具有很好的缓冲作用，利于员工建立更高的自我效能。高绩效目标定向的员工以别人为参照验证自己，通常寻找有利于自己的标准以避免负面的评估。虽然两种方式背后的目的不同，但无疑都会影响工作行为（Elliot，2005）。根据激励理论，由于人们具有执行有难度的任务、展现个人能力的内在愿望，所以个体为达到目标会努力建立某种承诺（Dweck & Leggett，1988）。无论是学习目标定向，还是绩效目标定向，个体都有实现任务，体验成功的愿望。比如学习目标定向的员工有很强的发展自身的能力的需求，所以他们也希望与组织形成一种情感的依附来实现他们的目标（情感承诺）。绩效目标定向的员工最关注同事或工作团队对他们工作的首肯，这会激励他们对组织产生强烈的归属感，同样体现出对组织的情感依附。

目标具有直接或间接影响组织工作结果的激励作用（Harris，2005）。Payne（2007）认为目标定向更强地预测了近端结果（如自我效能、寻求反馈），对工作绩效的预测效果不会明显。Locke 和 Latham（2002）通过实证研究，也对这一结果表示支持。因此，本研究认为，成就目标定向不是员工工作绩效的直接决定因素，而是会通过工作生活质量与情感承诺之间的关系发生调节作用，因此，本研究提出如下假设：

假设9a：学习目标定向在工作生活质量对情感承诺的影响关系中起正向调节作用，即学习目标定向越高，工作生活质量对情感承诺的影响越大；学习目标定向越低，工作生活质量对情感承诺的影响越小。

假设9b：绩效目标定向在工作生活质量对情感承诺的影响关系中起反向调节作用，即绩效目标定向越高，工作生活质量对情感承诺的影响越小；绩效目标定向越低，工作生活质量对情感承诺的影响越大。

第七节　本章小结

通过对以往文献的回顾，得出工作生活质量会对员工工作绩效产生直接影响；本研究在进一步探索工作生活质量与员工工作绩效之间关系的过程中，提出敬业度、情感承诺在工作生活质量与员工工作绩效间的中介作用。最后，构建目标定向（绩效目标定向和学习目标定向）的调节作用。本章提出各构念之间内在关系的假设如下：

假设1：工作生活质量对员工工作绩效具有正向影响。

假设1a：工作生活质量对员工顾客导向的组织公民行为具有正向影响。

假设1b：工作生活质量对员工任务绩效具有正向影响。

假设2：工作生活质量对敬业度具有正向影响。

假设3：敬业度对员工工作绩效具有正向影响。

假设3a：敬业度对员工顾客导向的组织公民行为具有正向影响。

假设3b：敬业度对员工任务绩效具有正向影响。

假设4：敬业度在工作生活质量对员工工作绩效的影响中起中介作用。

假设4a：敬业度在工作生活质量与员工顾客导向的组织公民行为的关系中起中介作用。

假设4b：敬业度在工作生活质量与任务绩效的关系中起中介作用。

假设5a：学习目标定向在工作生活质量对敬业度的影响关系中起正向调节作用，即学习目标定向越高，工作生活质量对敬业度的影响越大，学习目标定向越低，工作生活质量对敬业度的影响越小。

假设5b：绩效目标定向在工作生活质量对敬业度的影响关系中起反向调节作用，即绩效目标定向越高，工作生活质量对敬业度的影响越小，绩效目标定向越低，工作生活质量对敬业度越大。

假设6：工作生活质量对情感承诺具有正向影响。

假设7：情感承诺对员工工作绩效具有正向影响。

假设7a：情感承诺对员工顾客导向的组织公民行为具有正向影响。

假设7b：情感承诺对员工任务绩效具有正向影响。

假设8：情感承诺在工作生活质量对员工工作绩效的影响中起中介作用。

假设8a：情感承诺在工作生活质量与员工顾客导向的组织公民行为的关系中起中介作用。

假设8b：情感承诺在工作生活质量与任务绩效的关系中起中介作用。

假设9a： 学习目标定向在工作生活质量对情感承诺的影响关系中起正向调节作用，即学习目标定向越高，工作生活质量对情感承诺的影响越大；学习目标定向越低，工作生活质量对情感承诺的影响越小。

假设9b： 绩效目标定向在工作生活质量对情感承诺的影响关系中起反向调节作用，即绩效目标定向越高，工作生活质量对情感承诺的影响越小；绩效目标定向越低，工作生活质量对情感承诺的影响越大。

第四章

量表、样本及信效度检验

第一节 研究工具

一、工作生活质量量表选取

本研究运用国外较为成熟的量表,以取得较好的验证结果。Koonmee(2009)将工作生活质量定义为:"工作生活质量是由个人与情境因素相互作用下的,员工对工作环境、工作经历和工作回报是否满足其需求的感知。"基于此,本研究选取Leiden工作质量问卷测量工作生活质量。此问卷由Van der Doef和Maes在1999年合作开发。根据两个职业压力模型:工作需求—控制—支持模型(即心理需求、技术自主性、决策权力、主管支持与员工支持)、Michigan模型(工作量过多带来的压力、角色模糊、责任,角色冲突)来构造工作特征。

原始量表共包括59个题项,测量了11个工作特征和1个工作结果,即工作满意度。在荷兰一项关于工作压力的调研中,10112名荷兰在职工作人员(包括蓝领和白领工作者)使用此量表。作为一个通用的工作质量量表,Leiden适用于所有的职业群体。Kotze(2005)年指出,如何确定工作生活质量的测量标准取决于如何定义它。一些工作生活质量的量表仅评估了员工对从事的工作是否满意,或者只着眼于工作相关的感知和个人的态度,还有一些只说明了工作特征(Kerce & Booth-Kewley, 1993; Wilocock & Wright, 1991)。因此,一个更加全面的对工作生活质量的测量是非常重要的。Leiden的工作生活质量量表既包含了个人的因素，又涵盖了工作结构因素，能够更加全面地描述工作实际状况。

鉴于Leiden量表题项过多，易引起答题者的疲劳，本研究对题项进行了删减。由于工作满意度只是员工的主观感受，个体主导性强，且学者们已对"工作满意度作为工作生活质量结果变量"的观点普遍达成共识（Bretz & Judge 1994；Hall，1970；Porter 1961；Tait，1989；刘海玲，2006），因此本问卷中先将涉及工作满意度的6个题项删除。另外删除Leiden量表的因子间内部相关性>0.5的因子、中文理解困难的及职业相关度弱的题项，最终归纳出7个维度32个题项。

（1）工作自主性（Skill Discretion）：工作任务的多样性和任务对员工技能要求的挑战性。

①我的工作要求我有创造力。
②我的工作责任重大。
③我有机会在工作中发挥我自己的特长。
④我的工作是无聊、单调的（反向题）。
⑤我的工作由许多不同的事情组成。
⑥我的工作要求高水平的技术。
⑦需要我在工作中学习新的东西。
⑧我的工作中有很多重复性的工作（反向题）。

（2）任务控制（Task Control）：对工作节奏和工作执行的控制程度。

①如果我想，我可以抽空离开工作现场一小会儿。
②我能决定我的工作节奏。
③我能自己决定工作的次序。
④工作中我可以聊会儿天。

（3）工作和时间压力（Work & Time Pressure）：员工感知的工作量和时间限制。

①我没有被要求做额外的工作。
②我的工作需要非常努力才能完成（反向题）。
③我有足够的时间把工作做完。

（4）体力消耗（Physical Exertion）：工作中的体力耗费。

①工作中经常需要搬运重物（反向题）。

②我的工作要求耗费体能（反向题）。

③工作中经常加班，导致身体疲惫（反向题）。

（5）工作不安全感（Job Insecurity）。

①未来的5年内，我会失去这个工作（反向题）。

②在过去的日子里，我曾经被解雇过（反向题）。

③我的工作安全感挺高。

（6）主管支持（Social Support Supervisor）：工作中来自主管领导的支持。

①我的主管领导关心下属的福利。

②我的主管领导关注我的发言。

③我挺感谢我的主管领导。

④我的主管领导，在团结大家一起工作方面做得很好。

⑤为了完成工作，我的主管领导能够帮忙。

（7）同事支持（Social Support Coworkers）：工作中来自同事的工具性和情感性支持。

①我的同事会帮助我，完成我的工作。

②我的同事在乎我的个人感受。

③我挺感谢我的同事。

④如果我在工作中遇到问题，我会找同事帮忙。

⑤我的同事是友好的。

⑥我的同事有能力完成他们的工作。

由于本研究借鉴的量表均源自英文文献，且国内这一量表的应用不多见，在笔者将各个测项进行翻译后，又请一位英语专业的业界资深人士再次对题项进行分析，并与笔者的翻译进行比照，综合考虑相关专业词汇和英文文法翻译的准确性和中文表达习惯，既保证测项中文表述忠于英文文献的意愿，也使被调查者在答题过程中能够对各测项有清晰顺畅的理解。

每个条目采用里克特7点量表形式。受测者被要求阅读每一个条目，选择同意该说法的程度（1非常不同意、2不同意、3有点不同意、4没有意见、5有点同意、6同意、7非常同意）。

二、工作绩效量表选取

本研究采用Borman和Motowidlo提出的任务绩效（task performance）与情境绩效（contextual performance）的二维绩效模型测量员工工作绩效。任务绩效是指员工工作职责规定必须完成的，组织依此进行评估、奖励的行为（Borman&Motowidlo，1993；Motowidlo& Van Scotter，1994）。鉴于本文的研究对象是服务型企业面对面接触客人的一线员工，情境绩效（contextual performance）采用Dimitriades（2007）定义的顾客导向的组织公民行为（Customer-oriented OCB，CO-OCB）："为了提供优质服务，提高顾客满意度，员工所做的超出其工作范围的、有利于顾客的行为。"

任务绩效的测量，引用Podsakoff和MacKenzie's（1989）开发的5个题项量表，采用Likert 7点量表的形式，具体条目如下：

（1）该员工能完成公司工作说明书上要求的职责。

（2）该员工的工作能够达到绩效要求的标准。

（3）该员工能根据工作的实际要求完成任务。

（4）该员工从没有忽略过他应该做的工作。

（5）该员工经常完成他基本的工作职责

顾客导向的组织公民行为（CO-OCBs）采用Morrison（1996）的7个题项的量表。采用Likert 7点量表的形式，具体条目如下：

（1）工作中，该员工会协助同事，为顾客提供高质量的服务。

（2）为了更好地服务顾客，该员工能够自愿、主动地做不属于自己工作范围内的事情。

（3）为改进顾客服务，该员工能够提出创新的建议。

（4）当客人面临困难时，该员工绞尽脑汁地想办法。

（5）虽然某些活动不是强制参加的，但只要有助于提高顾客服务，该员工也会主动参加。

（6）在如何提高顾客服务上，该员工常与同事交流想法。

（7）该员工会一直处理顾客遇到的问题，直到问题解决。

目前对员工工作绩效的测量，主要采用自评和他评两种方法，由于个体通常具有一种偏见，即把自己的行为判断得比他人的行为更好（Griffin, Neal & Parker,

2007；Harris & Schaubroeck，1988），这种偏见会增加变量间的相关性，减弱构念子维度间的差异性的缺陷（Griffin，Neal & Parker，2007），从而降低测量工具的区别效度（discriminant validity），因此有关工作绩效的自我评价法的效度要低于上级评价法（Griffin，Neal & Parker，2007；Hoffman，Nathan & Holden，1991）。为避免造成统计学上的同源偏差，保证了研究的科学性和严谨性，本研究使用他评法（即主管评定）评价员工工作绩效。

三、情感承诺量表选取

本研究采用Meyer和Allen（1991）提出的定义：情感承诺（Affective Commitment）是指员工在情感上对组织认同和投入的总强度。情感承诺度最能体现员工对组织的情感忠诚。而且在已有的研究中发现，情感承诺与组织承诺的相关系数或回归系数最高（Meyer，Stanley，Herscovitch & Topolnytsky，2002；凌文辁、张治灿和方俐洛，2001）。

量表选取大多数学者认可的、Meyer和Allen（1991）根据上述定义开发的情感承诺（Affective Commitment Scale，ACS）量表。该量表共6道题项。采用Likert 7点量表的形式，具体条目如下：

（1）我很乐意在这家企业长期工作下去，直至退休。
（2）我确实觉得公司面临的问题就是我自己的问题。
（3）我有我是公司"大家庭中一员"的感觉。
（4）我觉得跟这家公司有情感上的联系。
（5）这家公司对我个人而言，有重要意义。
（6）我对公司有很强的归属感。

四、员工敬业度量表选取

本文采用Schaufeli，Salanova，Gonzalez-Roma和Bakker（2002）提出的定义："敬业度（work engagement）是与工作倦怠负相关的清晰概念，它是积极的、令人满足的、与工作有关的心理状态，具有活力、奉献和专注的特点，是一种持久稳固和普遍深入的认知情感体验，不聚焦于特定的个体、行为或事件。"该定义包括3个维度：活力（vigor）、奉献（dedication）、专注（absorption）。

量表选取大多数对敬业度进行学术研究都采用的，Schaufeli（2012）根据上述定义开发的UWES-9员工敬业度短表。该量表已发布中文版。采用Likert 7点量表的形式，具体条目如下：

（1）在工作中，我感到自己迸发出能量。
（2）工作时，我感到自己强大并且充满活力。
（3）我对工作富有热情。
（4）工作激发了我的灵感。
（5）早上一起床，我就想要去工作。
（6）当工作紧张的时候，我会感到快乐。
（7）我为自己所从事的工作感到自豪。
（8）我沉浸于我的工作当中。
（9）我在工作时会达到忘我的境界。

五、成就目标定向量表选取

我们采用Dweck（1986）对成就目标定向所下的定义：对认知过程的计划，并具有认知的、情感的和行为的结果。具有学习目标定向（mastery orientation）和绩效目标定向（performance orientation）二因素结构。

根据Duda（2001）开发的（Task and Ego Orientation in Sport Questionnaire，TEOSQ）量表，该量表被Van Yperen（2002）应用于工作领域。分为学习取向（mastery orientation）[①] 和绩效取向（performance orientation）两个维度。请调查对象回答："在什么情况下，我会在工作中有成功的感觉？"采用Likert 7点量表的形式，具体条目如下：

我在工作中会有成功的感觉，当……

学习目标定向（mastery orientation）：

（1）我通过努力学会了新的知识或技能。

---

① 本研究应用绩效导向（performance orientation）和学习导向（mastery orientation）两个术语。其他学者关于绩效导向的不同说法还有 ego goal（Duda, 2001；Nicholls, 1984），an ability-focused goal（Ames, 1992），a relative ability goal（Midgley, 1998），an extrinsic goal（Pintrich & Garcia, 1991），和 a competitive goal（Roberts, 1992）。学习导向的不同说法还有a task goal（Duda, 2001；Nicholls, 1984），a learning goal（Dweck, 1999）和 an intrinsic goal（Pintrich & Garcia, 1991）。

（2）我学会的新知识或新技能，在过去我会觉得它很难。

（3）我学会了可以激励我不断前进的东西。

（4）我觉得自己在进步。

（5）我学会的东西，还需要不断地反复练习。

（6）我学会的新东西，很有乐趣。

（7）工作中，我已尽了自己最大的努力。

（8）我在某些方面不断改进自己。

（9）我掌握了新的知识或新的技能。

（10）我发挥了自己的潜力。

（11）我全力以赴。

绩效目标定向（performance orientation）：

（1）工作中，我比同事表现得要好。

（2）工作中，其他人比不过我。

（3）其他人会把工作弄糟，但是我不会。

（4）我可以清晰地表态：工作中我是最合格、最好的。

（5）我可以完成其他人做不来的工作。

（6）我是最有生产力的员工。

（7）我是唯一一个掌握特殊知识或技能的员工。

（8）我是最好的。

第二节 研究样本

本研究的样本来自北京20余家服务型企业，主要涉及旅游接待、酒店及餐饮企业、大型商场零售、文化教育、金融证券、信息服务、信息技术行业。参与问卷答题的均为面对面接触顾客的员工以及与其对应的主管。共发放问卷700份，回收有效问卷622份，问卷有效率为89%。

为保证问卷数据的真实性和科学研究的严谨性，本研究对员工工作绩效的测量采取上级主管的打分方式，即研究者请填写问卷的主管领导对其日常工作表现进行评价。量表的其余条目则采用个人自评的方式。因此，本研究共两套问卷：一套

《员工工作生活质量调查问卷》共包含58题。其中工作生活质量24题；情感承诺6题；敬业度9题；成就目标导向19题中包括绩效目标定向8题和学习目标定向11题。此套问卷发放给组织面对面接触客人的一线员工，请他们根据个人实际情况和偏好进行相应评价。另一套《员工工作绩效调查问卷》，请其上级主管评价下属的工作表现，分为顾客导向的组织公民行为7题和任务绩效5题。

首先，研究者将第一套问卷秘密编码。即在问卷左上角不显著位置嵌入编号，提前依次对发放的问卷进行编号。调查开始前，研究者与企业的人力资源部负责人进行沟通，说明来意，许诺会为企业提供一份初步的数据分析报告。为个别企业协助完成问卷的人力资源部员工给予每份问卷5元的奖励，以提高企业的配合度。问卷发放环节，本研究采取现场发放的调研方法。召开现场会议，请员工填写问卷。告知员工此次调查为匿名调查，无须填写姓名。然后按编号顺序发放问卷，同时私下请一位熟悉所有被调查的人力资源部门的员工担任研究辅助工作，按照问卷发放的顺序将被调查者的名字暗自记下。

其次，研究者收回被调查对象的第一套问卷后，将问卷编号与被调查者姓名一一对应汇总后，密封第一套问卷，将写好被调查者姓名的第二套问卷发放给对应的上级主管，请其分别对该员工的任务绩效与顾客导向的组织公民行为情况进行评价。收齐第二套问卷后，研究者按照先前的对应名单将两套问卷整理装订，保证一份有效问卷包括员工的自我评价和主管对其绩效的评价。此种调查方法的好处有三个：一是员工匿名填写的方式最大程度消除了被调查者的顾虑，保证数据的真实性，编码方式便于研究者将两套问卷一一对应；二是现场发放问卷，尽可能保证问卷回收率；三是调查问卷分步进行。在确保第一套问卷回收基础上，发放第二套问卷，有效提高问卷的匹配程度。

在样本中，男性和女性的比例分别为40.7%、59.3%，比较均衡。

年龄方面，20岁以下为3.4%，21~30岁为47.9%，31~40岁为34.6%，41~50岁为11.3%，50~60岁为2.9%，可见样本中中青年员工居多。

教育程度上，高中及以下、大专、本科、研究生及以上分别为20.7%、41.2%、26.2%及11.9%。样本总体学历层次一般。

样本中本地员工37.9%，非本地员工62.1%。本单位工作年限上，2年以下、3~5年、6~10年及10年以上的比例分别为26.5%、35.7%、20.4%和17.4%。

其中实习生占6.9%,普通员工占63.3%,基层管理者占21.7%,中层管理者占8%,样本中普通员工占绝大多数。

企业用工形式,正式员工占90.4%,劳务派遣占9.6%。样本员工税后月收入方面,3000元以下的占38.6%,3000~4500元占30.9%,4500~6000元占14%,6000~7500元占5.3%,7500~9000元占3.1%,9000元以上8.2%,样本员工总体收入水平不高。

参与调研的企业300人以上的大型企业占49.7%,100~300人的中型企业30.1%,10~100人的小型企业18.3%,少于10人的小微企业1.9%(详见表4-1)。

表4-1 样本基本信息

		样本数	百分比(%)	累计百分比(%)
性别	男	253	40.7	40.7
	女	369	59.3	100.0
年龄	20岁及以下	21	3.4	3.4
	21~30岁	298	47.9	51.3
	31~40岁	215	34.6	85.9
	41~50岁	70	11.3	97.1
	51~60岁	18	2.9	100.0
受教育程度	高中/中专	129	20.7	20.7
	大专	256	41.2	61.9
	本科	163	26.2	88.1
	研究生及以上	74	11.9	100.0
本单位工作时间	0~2年	165	26.5	26.5
	3~5年	222	35.7	62.2
	6~10年	127	20.4	82.6
	10年以上	108	17.4	100.0
职位	实习生	43	6.9	6.9
	普通员工	394	63.3	70.3
	基层管理者	135	21.7	92.0
	中层管理者	50	8.0	100.0

续表

		样本数	百分比（%）	累计百分比（%）
用工形式	正式员工	562	90.4	90.4
	劳务派遣	60	9.6	100.0
收入（税后）	3000元及以下	240	38.6	38.6
	3000~4500元	192	30.9	69.5
	4500~6000元	87	14.0	83.4
	6000~7500元	33	5.3	88.7
	7500~9000元	19	3.1	91.8
	9000元以上	51	8.2	100.0
企业规模	300人以上	309	49.7	49.7
	100~300人	187	30.1	79.7
	10~100人	114	18.3	98.1
	少于10人	12	1.9	100.0

第三节 量表信度与效度检验

本研究运用SPSS18.0软件对622份正式问卷中的工作生活质量的32个条目进行信度分析发现，问卷中的8个反向题的CITC值均小于0.02，由于亚洲样本中反向题目结果通常不理想，导致相关维度信度值Cronbach's α都低于0.70。删除"技术自主性"8个题项中的2个反向题后，该维度信度上升至0.72；另6道反向题分别来自"工作和时间压力"维度（1题项）、"体力消耗"维度（3题项）和"工作不安全感"维度（2题项）。删除"体力消耗"维度后，本量表由6个维度组成，工作生活质量（24题项）整体信度提高至0.871，说明工作生活质量24个条目均有较好的信度。

本研究运用SPSS18.0软件对622份正式问卷中的工作绩效的12个条目进行信度分析。所有项目的信度值Cronbach's α都达到0.70以上，说明工作绩效12个条目均有较好的信度。其中顾客导向的组织公民行为信度为0.90，任务绩效信度为0.893。工作绩效整体信度0.927，量表具有较好的信度。

本研究运用SPSS18.0软件对622份正式问卷中的情感承诺的6个条目进行信度分析。所有项目的信度值Cronbach's α都达到0.70以上，说明情感承诺6个条目均有较好的信度。整体信度α值为0.903，量表具有较好的信度。

本研究运用SPSS18.0软件对622份正式问卷中的敬业度的9个条目进行信度分析。所有项目的信度值Cronbach's α都达到0.70以上，说明敬业度9个条目均有较好的信度。整体信度α值为0.926，量表具有较好的信度。

本研究运用SPSS18.0软件对622份正式问卷中的成就目标定向的19个条目进行信度分析。所有项目的信度值Cronbach's α都达到0.70以上，说明成就目标定向19个条目均有较好的信度。其中学习目标定向总信度为0.910，绩效目标定向信度为0.893，量表具有较好的信度。

效度是指测量工具确实能测出其想测量构念的程度。人力资源管理研究中，很多构念的测量是根据行为样本（如对问题的答案或反应），对想要测量的构念作间接的推断，只能达到某种程度的正确性，所以测量的效度很难绝对（黄炽森，2012）。因此，效度系数越高，表示越能测量到想要测量的概念。结构方程可以分别检验测量构念效度和效标关联效度（陈晓萍，徐淑英，樊景立，2008）。

构念效度由聚合效度（convergent validity）和区分效度（discriminant validity）组成。验证性因子分析（confirmatory factor analysis，CFA）用以判断观察变量与潜变量之间的假设关系是否与数据吻合。如果结果证明假设正确，其聚合效度也会得以证明。区分效度的判断标准是通过检测各个潜变量之间的相关系数是否显著低于1（陈晓萍，徐淑英，樊景立，2008）。

LISREL软件提供了多种模型拟合度指标，主要包括，χ^2、df、RMSEA、RMR、CFI、NFI、NNFI这些指标在学术研究中广泛使用，指标判断值的接受程度也比较高（Hair et al.，1998）。

卡方自由度比反映了单位自由度的卡方值，主要基于卡方与自由度之间的非线性关系，两者相除后，即可变为线性的关系。数值越小表明模型的拟合情况越好，比值小于2则认为模型拟合很好。通常情况下χ^2/df小于5都可以认为模型整体拟合良好。

近似均方根误差系数（RMSEA）Root Mean Square Error of Approximation =

$$\sqrt{\frac{x^2}{(N-1)(df-1)}}$$

反映了理论模型（theoretical model）和饱和模型（saturated model）有多大差距。RMSEA越小，表示拟合程度越高。

CFI（comparative fit index）是另一个经常使用的拟合指数的代表，CFI得到的值越大，拟合程度越好。

$$CFI = 1 - \frac{\max(x^2 - df, 0)}{\max(x_b^2 - df_b, 0)}$$

此外，模型拟合指标中，常用的还有NFI、NNFI等。NFI指标是计算假设模型的卡方值与虚无模型的卡方值之间的差异，可以看作是假设模型与最糟糕的模型相比的改善情况。NNFI参数改善NFI受到小样本与高自由度影响的问题。一般来说，NFI、NNFI的值都在0到1，数值越大表明拟合度越好，达到0.09则认为具有理想的拟合度。

在残差的分析指标中，一般使用残差均方根（Root Mean Square Residual，RMR）来反映理论模型的整体残差。RMR虽然受到单位的影响，但如果两个模型使用同一数据作测量，那么就可以用这个指标比较其优劣。其中RMR值较小的一方，即该系数小于0.1，越趋近于0则表示模型拟合度相对较好。

$$RMR = \sqrt{\sum_{g=1}^{G} \{\sum_{i=1}^{P_g} \sum_{j=1}^{j \leq i} (\hat{S}_{ij}^{(g)} - \sigma_{ij}^{(g)})\} / \sum_{g=1}^{G} p^{*(g)}}$$

在实证研究中，我们关注的是变量之间的联系。结构方程模型可以探讨潜变量之间的联系（卞冉，车宏生，阳辉，2007）。20世纪70年代以来，随着结构方程模型技术的兴起，项目组合（item parceling）技术在此实证研究中也不断出现。它与量表或分量表的区别是：分量表及量表分反映的是若干独立或相关的潜变量，而项目小组（parcel）反映的是单个因子、维度或潜变量。不同的学者对这种方法的称谓也不尽相同，如项目组合后的产物称为分量表（subscale）、小量表（miniscale）、合成项目（composite）、分测验（testlet）、项目集（item cluster）等（卞冉，车宏生，阳辉，2007）。项目组合策略可以提高共同度、减少随机误差以提高建模效率（Little et al., 2002; Matsunaga, 2008）、指标信度（Coffman &MacCallum, 2005）和拟合度（Bandalos, 2002; Hall, Snell, & Foust, 1999;

Landis et al.，2000），并减少非正态现象（Bandalos& Finney，2001；Hau& Marsh，2004），更让估计更稳定（Little et al.，2002；Matsunaga，2008）、更易收敛（Little et al.，2002）。当然，使用项目组合策略时也要满足一定的前提条件，若使用不当，也会导致参数估计偏差（Hau& Marsh，2004）、模型及维度错误等问题（Bandalos，2002；Little et al.，2002）。根据潜变量维度性质的不同，项目组合策略具体可分为单维和多维两种情况。一般来讲，由题目组合的有效程度依赖于被组合题目的单维性，项目组合的前提条件是潜变量要单维、同质；如果量表是多维结构，在潜变量机构已知的情况下，通常采用内部一致性法（internal-consistency approach）和领域代表法（domain-representative approach）对项目进行组合。内部一致法在组合的同时保持了每个维度的单纯性，从理论出发，从上至下，不考虑项目小组之间的相似性，强调了项目小组内部的同质性（homogeneousness）。而领域代表法则由项目出发，自下而上，更多考虑项目小组之间的相似性。在绩效结构模型分析时，推荐使用内部一致性法，若模型拟合不好，再使用领域代表法（吴艳，2011）。

本文使用LISREL8.7进行统计分析，检验模型结构。采用的工作生活质量、任务绩效、顾客导向的组织公民行为、情感承诺、员工敬业度及学习目标定向、绩效目标定向7量表均为经过大量文献验证的成熟量表，无须进行探索性因子分析，只通过验证性因子分析（CFA）检验变量间的区分度。由于变量的测量条目较多，采用项目组合的方法对数据进行打包。参考邱皓政和林碧芳（2009）的建议，对工作生活质量、学习目标定向两个变量把同一因子下的题目进行打包。分别按照因子负荷最高和最低、负荷次高和次低的标准分别组合取均值，以此类推。构建7因子CFA模型，LISREL8.7运行结果显示模型拟合良好（χ^2=4689.23，df=1013，χ^2/df=4.6，RMSEA=0.076，RMR=0.064，CFI=0.96，NFI=0.94，NNFI=0.95）表明本研究7个变量在内涵与测量方面具有良好的区分效度，可以进行结构方程分析。验证性因子分析结果如图4-1所示，模型拟合优度见表4-2。

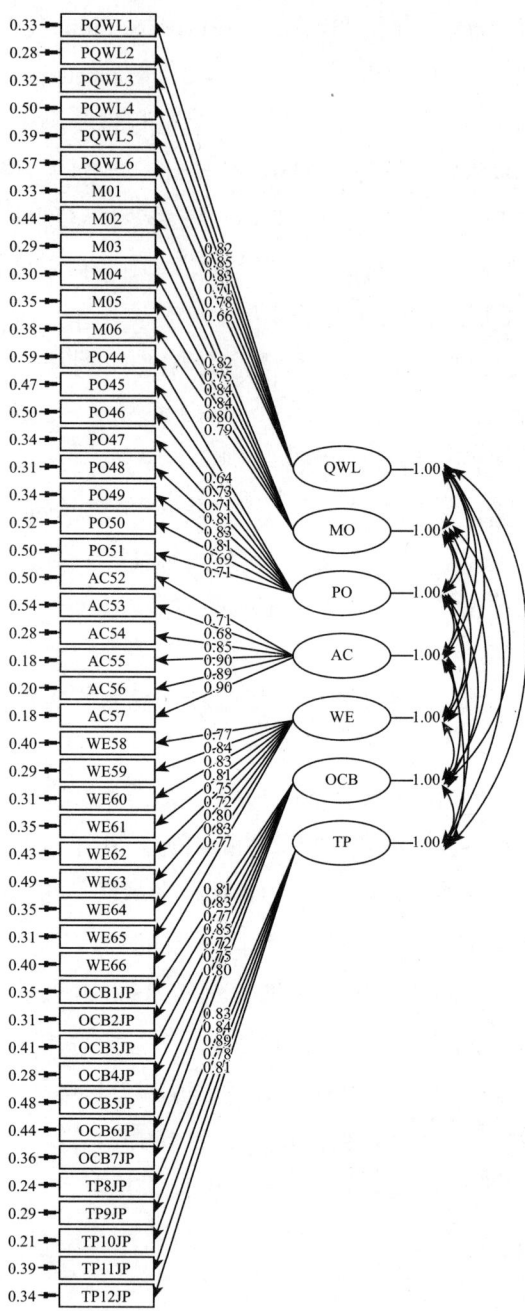

图4-1 标准化的一阶七因子模型

表4-2 模型主要拟合优度指标(LISREL估计量,N=622)

	χ^2	df	χ^2/df	RMSEA	RMR	CFI	NFI	NNFI
判断性标准			<5	<.08	趋近0	>.90	>.90	>.90
因子	4689.23	1013	4.6	0.076	0.064	0.96	0.94	0.95

第四节 本章小结

本章对研究中所使用的成熟量表进行信度、效度检验,结论如下:

(1)工作生活质量量表采用Van der Doef和Maes(1999)合作开发的Leiden工作质量问卷,最终形成6个维度24个条目的量表,修订后的工作生活质量量表具备较好的信度。

(2)工作绩效量表包括两个部分:任务绩效与顾客导向的组织公民行为。任务绩效量表采用的是Podsakoff和MacKenzie's(1989)开发的5个题项量表;顾客导向的组织公民行为(CO-OCBs)采用Morrison(1996)开发的7个题项的量表。经过实证检验,均具备较好的信度。

(3)情感承诺量表选取大多数学者认可的,Meyer和Allen(1991)开发的(Affective Commitment Scale,ACS)量表。该量表共6道题项。经过实证检验,具备较好的信度。

(4)员工敬业度采用的是Schaufeli(2012)开发的UWES-9员工敬业度短表,该量表已发布中文版。经过实证检验,具备较好的信度。

(5)成就目标定向根据Duda(2001)开发的(Task and Ego Orientation in Sport Questionnaire,TEOSQ)量表,该量表被Van Yperen(2002)应用于工作领域。分为学习取向(mastery orientation)和绩效取向(performance orientation)两个维度。经过实证检验,均具备较好的信度。

(6)通过CFA对变量间区分效度检验,LISREL8.7运行结果显示模型拟合良好,表明本研究7个变量在内涵与测量方面具有良好的区分效度。

至此,所有研究变量均有合适的测量工具,接下来将对研究变量之间的关系展开探讨。

第五章

数据统计及假设检验

第一节 描述性统计分析

本研究对变量数据进行描述性统计，各变量的均值、标准差和变量间的相关系数如表5-1所示。

为验证相关研究假设，我们首先对工作生活质量、员工敬业度以及员工个人绩效（顾客导向的组织公民行为和任务绩效）进行相关性分析。由此可知，工作生活质量、员工敬业度，情感承诺以及员工个人绩效之间呈显著正相关关系。成就目标定向与部分变量的相关关系显著。

相关分析结果为研究假设的验证奠定了进一步分析的基础。

表5-1 各主要变量均值、标准差和变量间相关系数（SPSS估计量，N=622）

变量	均值	标准差	1	2	3	4	5	6	7	8	9	10	11	12	13	14
1.性别	1.59	0.49	—													
2.年龄	2.62	0.83	—	—												
3.受教育程度	2.29	0.93	−0.09*	−0.04	—											
4.工作年限	10.03	8.55	−0.13**	0.79***	−0.08*	—										
5.进入企业年限	5.79	6.37	0.00	0.61**	−0.02	0.73**	—									
6.职位	2.31	0.72	−0.15**	0.40**	0.17**	0.37**	0.33**	—								
7.用工形式	1.14	0.47	0.79*	−0.09*	−0.11**	−0.12**	−0.13**	−0.23**	—							
8.工作生活质量	5.28	0.67	0.05	−0.06	0.01	−0.09*	−0.08	−0.00	0.05	—						
9.WE	4.71	1.11	0.01	0.02	−0.10*	0.02	0.00	0.03	0.08	0.56**	—					
10.AC	5.25	1.18	0.08	0.07	−0.11**	0.07	0.04	0.04	0.04	0.60**	0.73**	—				
11.OCB	5.38	1.00	0.10*	−0.08*	−0.02	−0.10**	−0.07	0.02	0.11**	0.33**	0.28**	0.29**	—			
12.TP	5.72	0.89	0.11**	−0.12**	0.01	−0.15**	−0.07	−0.06	−0.03	0.28**	0.20**	0.25**	0.70**	—		
13.MO	5.63	0.86	0.03	−0.05	0.02	−0.07	−0.07	−0.02	0.03	0.61**	0.55**	0.51**	0.35**	0.30**	—	
14.PO	4.39	1.13	−0.06	0.11**	−0.05	0.16**	0.14**	0.13**	0.01	0.12**	0.27**	0.19**	−0.01	−0.07	0.24**	—

注：N=622, *p<0.05, **p<0.01, *** P<0.001

第二节 结构方程模型变量关系验证

我们通过对比不同的嵌套模型来检验假设。模型比较的基本思路是，工作生活质量对顾客导向的组织公民行为和任务绩效的影响，除了间接效应外，还存在直接效应。模型对比结果见表5-2。

表5-2 结构方程模型对比结果

模型	χ^2	df	χ^2/df	RMSEA	CFI	NNFI	$\Delta\chi^2$	Δdf
M0	1920.02	488	3.93	0.069	0.90	0.89		
M1	1918.37	487	3.94	0.069	0.90	0.89	1.65	1
M2	1914.49	487	3.93	0.069	0.90	0.89	5.53*	1
M3	1900.17	486	3.91	0.068	0.90	0.89	19.85***	2

注：N=622，* p<0.05，** p<0.01，*** p<0.001。

模型M0为完全中介模型，即工作生活质量对顾客导向的组织公民行为和任务绩效的影响完全是通过敬业度和情感承诺产生的。为寻找最优模型，我们构建了与之嵌套的其他3个模型。

模型 M1（在M0的基础上增加工作生活质量到任务绩效的直接路径）与理论模型M0相比，χ^2变化不显著（$\Delta\chi^2$=1.65，Δdf=1，$p>0.05$），表明模型M1并不优于M0，反而使模型变得不简洁。

模型 M2（在M0的基础上增加工作生活质量到顾客导向的组织公民行为的直接路径）与理论模型M0相比，χ^2变化显著（$\Delta\chi^2$=5.53，Δdf=1，$p<0.05$），表明模型M2优于M0。

模型 M3（在M0的基础上同时增加工作生活质量到任务绩效和顾客导向的组织公民行为的直接路径）与理论模型M0相比，χ^2变化显著（$\Delta\chi^2$=19.85，Δdf=2，$p<0.001$），表明模型M3优于M0。

如果仅依据χ^2改变量作为标准，那么M3应优于M0。但是，"除了卡方的改变之外，也要考虑其他拟合指数的改变"（侯杰泰、温忠麟、成子娟，2004）。由M0到M1，到M2，到M3，RMSEA CFI、NNFI的改变量非常小（仅RMSEA有微弱变化，介于0.00到0.001）。所以，虽然模型M2和M3优于模型M0，但由于M2和M3破坏了模型的简洁性，且结果显示多条路径不显著，除χ^2变化外，其余指标均无变化。因此，综合考虑多种模型拟合指数，根据简洁原则，我们认为模型M0为最理想模型。

如图5-1所示，工作生活质量对顾客导向的组织公民行为（$\beta=0.171$，$p<0.001$）和任务绩效（$\beta=0.144$，$p<0.001$）具有显著的正向影响，即工作生活质量越高，员工会表现出更多的顾客导向的组织公民行为，也具有较高的任务绩效。假设1a和1b得到支持。

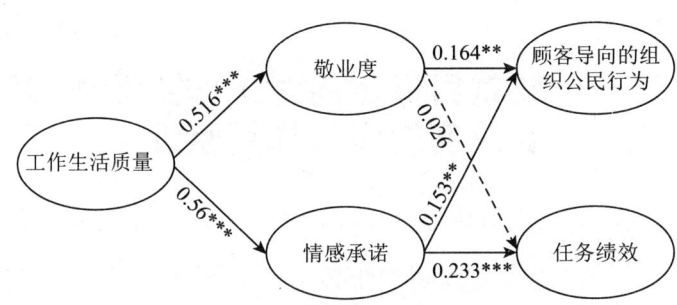

图5-1 双中介结构方程模型结果

工作生活质量对敬业度具有显著的正向影响（$\beta=0.516$，$p<0.001$），即工作生活质量越高，员工的敬业度也越高，假设2得到支持。

敬业度对顾客导向的组织公民行为具有显著的正向影响（$\beta=0.164$，$p<0.01$），即敬业度越高，员工的顾客导向的组织公民行为越高。假设3a得到支持，但敬业度对任务绩效的影响不显著，假设3b没有得到支持。

敬业度对工作生活质量和顾客导向的组织公民行为关系的中介效应显著（$\beta=0.085$，$p<0.01$），表明敬业度在工作生活质量和顾客导向的组织公民行为之间起到了中介作用，假设4a得到支持。但敬业度对工作生活质量和任务绩效关系的中介效应不显著，假设4b没有得到支持。

工作生活质量对情感承诺具有显著的正向影响（$\beta=0.56$，$p<0.001$），即工作生活质量越高，员工的情感承诺也越高，假设6得到支持。

情感承诺对顾客导向的组织公民行为（$\beta=0.153$，$p<0.01$）和任务绩效（$\beta=0.233$，$p<0.01$）均具有显著的正向影响。即情感承诺越高，员工顾客导向的组织公民行为和任务绩效越高，假设7a和假设7b得到支持。

情感承诺对工作生活质量和顾客导向的组织公民行为关系的中介效应显著（$\beta=0.086$，$p<0.05$）。表明情感承诺在工作生活质量和顾客导向的组织公民行为之间起到了中介作用，假设8a得到支持。

情感承诺对工作生活质量和任务绩效关系的中介效应显著（$\beta=0.131$，$p<0.001$），表明情感承诺在工作生活质量和任务绩效之间起到了中介作用，假设8b得到支持。

第三节　成就目标定向对工作生活质量和敬业度的调节作用验证

温忠麟和侯杰泰（2003）建议加入乘积项的结构方程模型是比较好的分析潜变量交互效应的模型。本研究按照因子负荷"大配大、小配小"的原则配对相乘，构建工作生活质量和学习目标定向与绩效目标定向的乘积项。LISREL运行结果表明（见图5-2）：学习目标定向对工作生活质量和敬业度关系的调节效应模型拟合良好（$\chi^2=513.61$，$df=318$，$\chi^2/df=1.615$，RMSEA=0.031，CFI=0.99，NNFI=0.99），乘积项的路径系数显著（$\beta=0.63$，$p<0.01$），表明学习目标定向调节了工作生活质量与敬业度之间的关系，假设5a得到支持。

调节效应图（见图5-3）中的两条线呈交叉，表明有交互效应存在。高学习目标定向斜率为正，说明当学习目标定向较高时，工作生活质量对敬业度具有正向影响；低学习目标定向斜率为负，说明当学习目标定向较低时，工作生活质量对敬业度具有负向影响。而绩效目标定向对工作生活质量和敬业度关系的调节效应模型拟合很不好（$\chi^2=4400.71$，$df=371$，$\chi^2/df=1.615$，RMSEA=0.13，CFI=0.85，NNFI=0.84），表明绩效目标定向对工作生活质量和敬业度关系没有起到调节作用，假设5b没有得到支持。

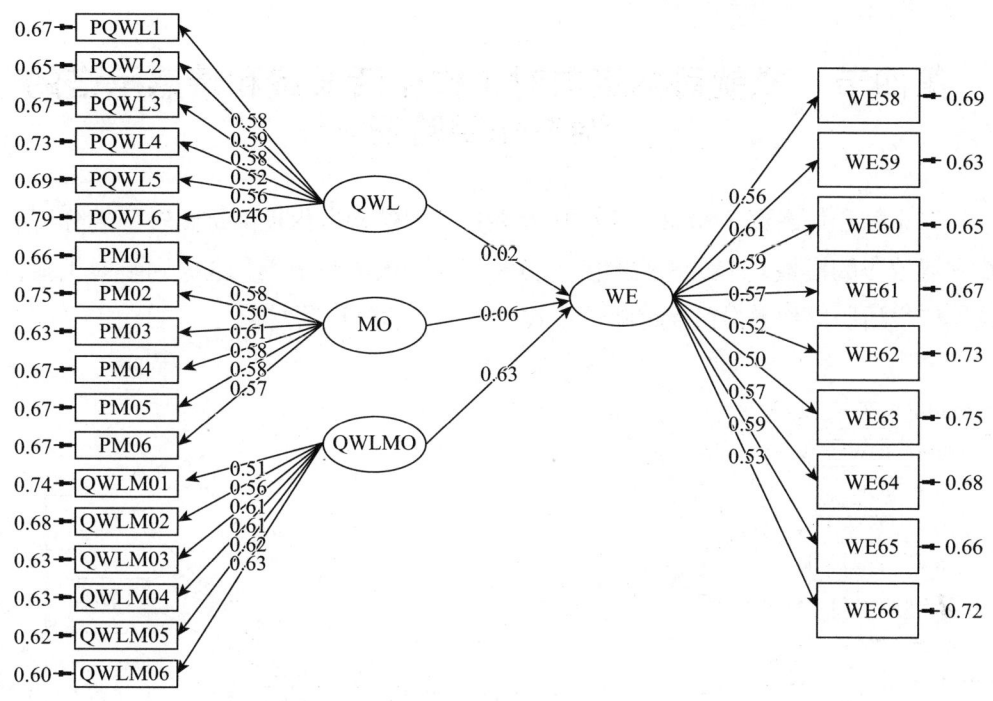

χ^2=513.61，df=318，p=0.00000，RMSEA=0.031

图5-2 学习目标定向对工作生活质量和敬业度关系的调节结果

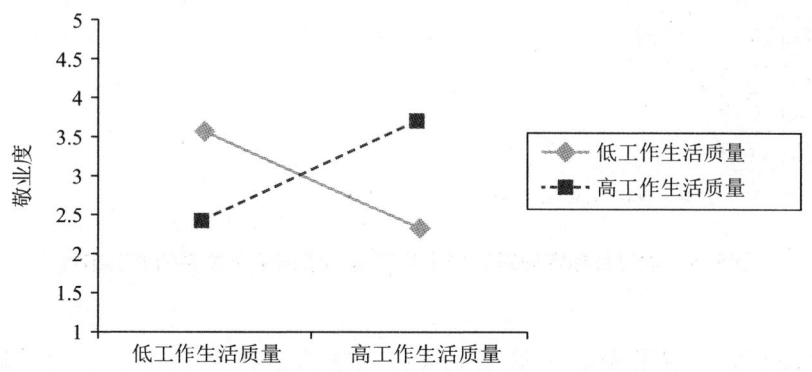

图5-3 学习目标定向对工作生活质量和敬业度关系的调节效应

第四节　成就目标定向对工作生活质量和情感承诺的调节作用验证

温忠麟和侯杰泰（2003）建议加入乘积项的结构方程模型是比较好的分析潜变量交互效应的模型。本研究按照因子负荷"大配大、小配小"的原则配对相乘，构建工作生活质量和学习目标定向与绩效目标定向的乘积项。

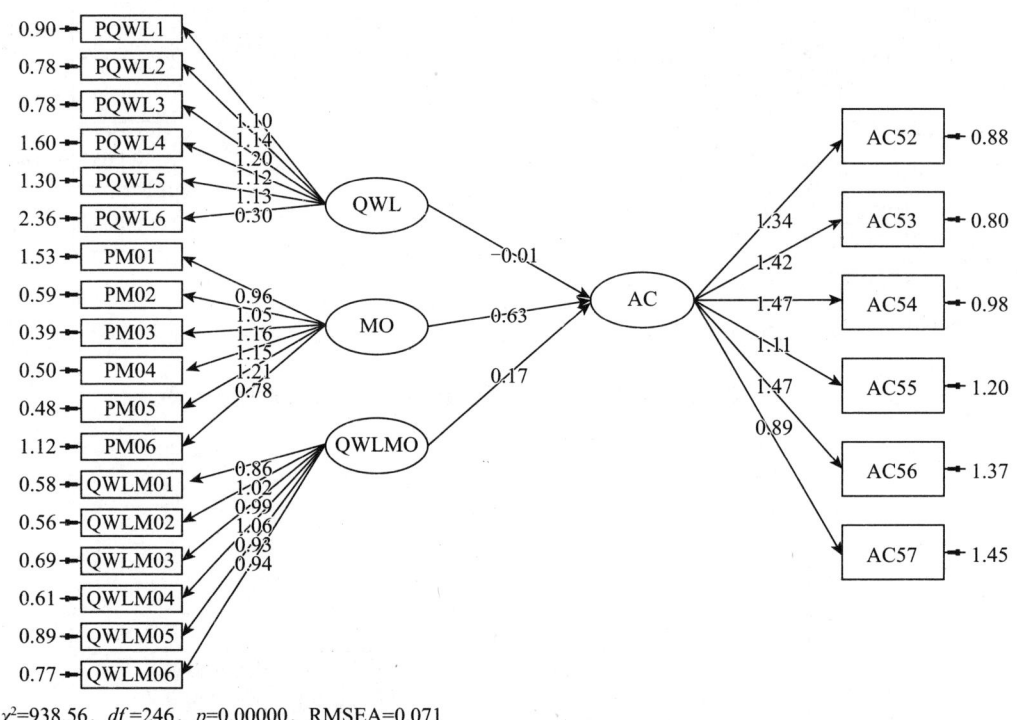

χ^2=938.56，df=246，p=0.00000，RMSEA=0.071

图5-4　学习目标定向对工作生活质量和情感承诺关系的调节结果

LISREL运行结果表明（见图5-4），学习目标定向对工作生活质量和情感承诺关系的调节效应模型拟合良好（χ^2=938.56，df=246，χ^2/df=3.82，RMSEA=0.071，CFI=0.96，NNFI=0.95），乘积项的路径系数显著（β=0.17，

$p<0.01$），表明学习目标定向调节了工作生活质量与情感承诺之间的关系，假设9a得到支持。

调节效应图（见图5-5）中的两条线呈交叉趋势，表明有交互效应存在，尽管该效应不是很明显。高学习目标定向的斜率为正，说明当学习目标定向较高时，工作生活质量对情感承诺具有正向影响；低学习目标定向斜率为负，说明当学习目标定向较低时，工作生活质量对情感承诺具有负向影响。而绩效目标定向对工作生活质量和敬业度关系的调节效应模型拟合很不好（$\chi^2=3758.40$，$df=293$，$\chi^2/df=1.615$，RMSEA=0.138，CFI=0.83，NNFI=0.82），表明绩效目标定向对工作生活质量和情感承诺关系没有起到调节作用，假设9b没有得到支持。

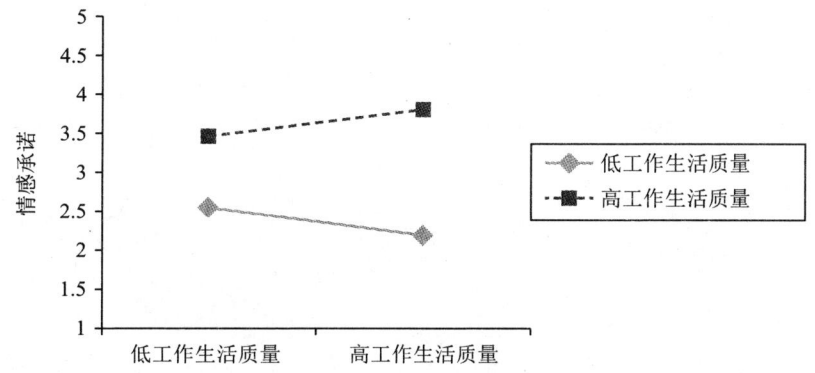

图5-5 学习目标定向对工作生活质量和情感承诺关系的调节效应

第五节 本章小结

本章通过收集大样本数据，采用结构方程的分析方法，对工作生活质量、员工敬业度、情感承诺、员工个人绩效的关系进行了实证研究，并探索了员工敬业度、情感承诺在工作生活质量与员工个人绩效关系中的中介作用，以及学习目标定向的调节作用。

研究结果表明：第一，工作生活质量对员工的工作绩效，即顾客导向的组织公民行为和任务绩效具有直接影响。研究结果支持了国内外人力资源管理领域针对工作生活质量的理论观点。第二，通过对比不同的嵌套模型对员工敬业度和情感承诺的中介作用进行检验。结论表明，员工敬业度和情感承诺在工作生活质量与员工工作绩效中起到完全中介作用。第三，学习目标定向在工作生活质量对员工敬业度、情感承诺中具有调节作用。当学习目标定向高时，会显著增强工作生活质量对敬业度、情感承诺的影响。

  以上的实证分析，以工作生活质量为新的视角，探讨了工作生活质量、员工敬业度、情感承诺、员工工作绩效、成就目标定向等变量的相互关系，进一步加深了工作生活质量领域及员工工作绩效领域的研究。

第六章

结 论

第一节 研究结果讨论

本研究通过收集大样本数据，采用实证研究方法，验证工作生活质量对员工工作绩效的影响过程模型。采用结构方程模型方法分析验证了成就目标定向对工作生活质量与员工工作绩效的调节作用。研究结果表明：（1）工作生活质量对员工工作绩效具有正向影响；（2）工作生活质量通过员工敬业度和情感承诺对员工工作绩效具有显著的正向影响；（3）学习目标定向对工作生活质量与员工敬业度和情感承诺具有正向调节作用。下面将针对各变量之间的关系进行逐一探讨。

一、工作生活质量与员工工作绩效的关系

原有工作生活质量的研究大都集中在其影响因素的探索，而其对企业人力资源管理的影响作用如何，现有研究比较缺乏。在我们找到的有限的关于工作生活质量作为自变量的研究中，多是探讨其与离职率的研究。比如，我国学者孙泽厚（2009）等人运用相关分析发现，知识型员工工作生活质量与离职率之间的负相关关系，即工作生活质量越高，离职率越低。同时他发现，工作生活质量与工作幸福感存在较强的正相关关系，即员工工作生活质量越高时，他越来越感觉到工作给他带来的乐趣。同样，Ya-Wen Lee（2012）对台湾7家医院的1283名护士的调查得出，护士们的工作生活质量与她们的离职倾向具有相关关系。Stephen J. Hvlovic

（2000）研究发现，工作生活质量与公司业绩特别是财务指标呈正相关。较好实施工作生活质量计划的公司，可以减少缺勤与抱怨、降低事故发生率和离职率。其公司销售收入、资产和利润率均有较大的增长。关于工作生活质量与员工工作绩效的关系研究，目前只有袁媛、王乃苗（2006）通过对中远散货运输有限公司300名员工调研发现，员工工作生活质量对其个人绩效有统计学上的预测意义。Tho D. Nguyen（2012）通过实证研究也发现，工作生活质量正向影响员工的生活质量和工作绩效。本研究运用结构方程模型方法，验证了服务型企业中，员工感知的工作生活质量对其工作绩效具有显著影响。根据布劳（1964）的社会交换关系的分析框架，当雇主"关照他的雇员"时，雇佣双方的社会交换关系随之演化而成。在雇佣双方关系紧密时，社会交换关系作为媒介，企业为员工提供较高的工作生活质量，有利于雇佣双方产生有利的和公正的交易，这种关系会给员工带来积极的工作态度和有效的工作行为。也就是说，企业通过提高员工的工作生活质量来提升员工绩效，进而可以达到提高组织绩效的目的。从而使双方产生互惠的结果。我们的研究结果验证了布劳的这条推理。

提高工作生活质量的主要目的是为员工创造一个良好的工作氛围，让他们能够在和谐的劳动关系中完成企业的经营战略目标。通过研究我们发现，工作生活质量对员工的工作绩效具有显著影响，这为我们提供了一个有效提升员工工作绩效的分析框架和思路，即通过提高一线员工的工作生活质量，提高员工工作绩效。

工作生活质量是提高组织生产力和员工人力资源管理的一个必要条件。提高员工工作生活质量主要依靠企业的决策者，也就是高层管理者。根据工作生活质量的各个维度，领导者在制定政策、工作设计及薪酬福利等方面都应考虑周全。此外，"社会支持"的作用，也使我们认识到，组织中的每位员工，无论职位高低，都会在提高工作生活质量中发挥作用。工作生活质量不同维度间复杂的相互关系为进一步厘清工作场所中的因果关系提供了机会。

二、工作生活质量、敬业度与员工工作绩效的关系

敬业度是一个积极组织行为概念。本研究验证了工作生活质量会通过敬业度对员工工作绩效产生影响。在JD-R模型的理论框架下，我们得出工作反馈，工作任务的多样性和任务自主性都会导致员工较高的敬业度。员工感知的来自主管与同事

的社会支持与敬业度呈正相关关系，即社会因素也是员工在工作中保持活力、热情和积极性的决定因素（Watson，2000）。在敬业度的JD-R模型中，工作资源，来自主管和同事的支持会激发员工投入工作的热忱，并带来好的绩效结果。而且，一个相互支持的工作环境会给员工带来信号——他们是有价值的。当员工感知到组织善待他们，他们将更可能花费时间和精力投入工作中。

由于本研究的研究对象是服务型企业中面对面接触顾客的一线员工，工作绩效采用的是任务绩效（task performance）与顾客导向的组织公民行为（customer-oriented OCB）的二维绩效模型。在工作生活质量与员工绩效关系中，员工敬业度起到完全中介作用，验证了工作要求—资源（JD-R）模型的路径。不过，本研究中，"员工敬业度对任务绩效具有正向影响"的研究假设没有得到证实，可能源自员工与主管对其"好的任务绩效"的认知差异。虽然员工全情投入，努力工作，但由于他们和主管对"好绩效"的看法本身不一致，导致员工很努力、很投入地工作，自认为对工作很敬业，但实际上主管给员工的"任务绩效"打分并不高，也就是说，员工所做的并不是领导希望看到的，他们并没有取得领导期望的工作绩效。现实工作情境中，这类员工与主管间对待工作"南辕北辙"的现象也时有发生。

不过，本研究验证了"敬业度对员工顾客导向的组织公民行为具有正向影响"，且"敬业度中介了工作生活质量与员工顾客导向的组织公民行为的关系"的研究假设。高敬业度的员工倾向于更加主动地为顾客服务，表现出积极的顾客导向组织公民行为，他们的这一行为得到了主管对其工作表现的认同，即敬业度高的员工，其主管评分的顾客导向组织公民行为也高。这个结果与Fredrickson（2001）提出的拓展—建构理论相吻合。敬业的员工体验着积极情绪，会更加专注于工作，并愿意与人分享。在这种状态下，员工敢于尝试新方法、内心充满了创新的冲动。为了让顾客满意，员工乐于从事非工作范围之内的活动，创造性地帮助客人解决突发情况（Bitner，1990；Carlson，1987），帮助同事以便更好地为客人提供优质服务（Gronroos，1995），以及为提高服务水平主动献计献策（Bowen & Lawler，1992）。员工通过这类积极主动的、超越个人核心工作任务的行为为组织开发新战略、追求更高的目标做出了贡献（Fay & Sonnentag，2012），他们的行为得到了主管的肯定。

拓展—构建理论主张，敬业的员工处在一种积极的心理状态中，促使个体更多地思考解决问题的各种可能性。扩展个体的注意、认知和行动范围，促使员工在工作中采取更多的创造性行为、对客人更多地关注和更加开放地接受信息。因此，敬业的员工感到较高的工作生活质量时，他们会全身心地投入工作，乐于为顾客解决他们遇到的各类问题，使顾客对企业的服务感到更加满意，这正是企业领导们愿意看到的。我们的研究验证了这一结论。

三、工作生活质量、情感承诺与员工工作绩效的关系

本研究证明，对于员工工作绩效而言，情感承诺是除了敬业度之外另一个重要的中介变量。工作生活质量会通过情感承诺对员工工作绩效产生影响。情感承诺是员工在情感上对组织的认同、投入和依赖而自愿留在组织内，为组织效力的心理状态。它不仅仅是单纯的经济利益，而是以员工对组织深厚感情为基础的忠诚和全力付出。理论上对于情感承诺作为中介变量的解释可以追溯到社会交换理论（Blau，1964）。这一理论断言当雇佣双方遵守交换原则时，他们将建立更加信任和忠诚的关系。这是因为"构成社会交换的行为取决于对他人予以回报的反应，那么随着时间的推移，双方自然建立互惠的交易和关系"。

当员工感知他们的工作生活质量较高，个人目标与组织目标一致时，会对组织产生较强的情感承诺。同时，主管或上级领导也会影响员工的情感承诺，当主管允许员工参与决策（Jermier & Berkes, 1979; Rhodes & Steers, 1981）、关心员工（Bycio, 1995; Decotiis & Summers, 1987）和公正对待员工（Allen & Meyer, 1990）时，员工对组织的情感承诺较强。以往的研究中，与规范承诺和持续承诺相比，情感承诺对工作绩效、组织公民行为显示出更强的关系。不过，与离职率相比，情感承诺与工作绩效之间的关系并不特别显著（Meyer, 2002）。过去几十年里的文献研究几乎没有发现情感承诺与员工实际的工作绩效有特别直接的关系（Conway, 2004; Mathieu & Zajac, 1990; Mowday, 1979）。比如，Meyer（1993）研究发现，情感承诺与主管评价的员工工作绩效存在较弱的相关关系（r=.16），与员工自我评价的个人绩效没有显现出相关关系。但在我们的研究结果中，我们得出了情感承诺对员工工作绩效具有正向影响结论，且情感承诺中介了工作生活质量与顾客导向的组织公民行为和任务绩效的关系。

无论是对于组织还是员工，情感承诺都是一个积极的概念，具体表现在它对

员工的角色内绩效和角色外绩效之间的积极影响。它能够有效地降低离职率、增加员工的组织公民行为，为组织留住更多的客人，提高组织绩效。所以，情感承诺在组织行为学术研究领域占有重要地位（Haslam，2004）。本研究支持了前人的理论观点。

四、成就目标定向的调节作用

成就目标定向是在与胜任有关的情境中，个体知觉到的执行任务的原因或目的。它是一种激励性取向，也是相对稳定的个体差异因素，根据智力理论的观点，倾向于学习目标定向的个体关注内在价值，以学习和掌握新知识和新技能为目的，认为能力是通过努力形成和可以改变的；倾向于绩效目标定向的个体更关注外在评价，以超越他人，获得外在认可为目的，并认为能力是天赋，相对稳定的。一个人不可能同时拥有两种观点，所以我们假设这两种观点存在于一个连续体的两极。

本研究结果证明："绩效目标定向对工作生活质量和敬业度、情感承诺之间关系不显著，没有起到调节作用。"原有假设没有得到支持。这很可能是答题者受到社会赞许性（social desirability）的影响，回答问题时迎合社会规范或社会期望的行为，趋向于做出有利于自己的回答。受到亚洲文化内敛、含蓄的影响，人们不习惯直接承认在工作中"自己比他人强"，因而有意无意地掩盖了真实想法。

不过，学习目标定向对工作生活质量和敬业度、情感承诺关系的调节效应模型拟合良好，路径系数显著，起到了调节作用。本研究得出了一个有趣的结论，即学习目标定向的程度对工作生活质量和敬业度，工作生活质量和情感承诺之间的调节作用是不同的。

高学习目标定向的员工，工作生活质量对敬业度、工作生活质量对情感承诺的影响关系具有正向影响，即对于学习目标定向高的员工，工作生活质量对员工的敬业度和情感承诺的影响越强。高学习定向的员工愿意接受新事物、学习新知识。当工作中出现复杂的、不确定性高的任务时，会激发出他们的斗志。我们工作生活质量的维度包括工作自主性、任务控制、工作和时间压力、工作不安全感、主管和同事支持6个方面。当高学习目标定向的员工感知自己在工作中有较大的自主性，能够自己控制工作节奏，同事和领导互相支持，工作氛围融洽时，他们感受到较高的工作生活质量，会促使他们在工作中投入更多的精力，努力尝试解决各种问题，同时对充满了学习机会和良好氛围的组织产生较强的情感承诺。反之，如果高学习目标定向的员工感到工作中自主性不高，要时时处处向上级汇报；工作任务重复单调，没有任何可以发挥创造力的空间；工作要求过多过细；组织中等级森严，压抑的工作无法满足其内心积极主动学习的渴望，其感知的较低的工作生活质量，会大大削弱高学习目标定向员工的敬业度和对组织的情感承诺，导致他们对工作失去热情，产生人际疏离感，势必影响他们的工作绩效。

与此相反的是，低学习目标定向的员工，工作生活质量对敬业度和情感承诺的影响越弱，以至于工作生活质量对敬业度、情感承诺产生反向影响。即对于低学习目标定向的员工，他们感受到的工作生活质量越高，敬业度和情感承诺反而越低；而当他们感知的工作生活质量低时，敬业度与情感承诺反而升高。

经过认真思考，本研究认为该结论与已有工作需求—控制—支持（JDCS）理论（Johnson & Ellen，1988）吻合。在高工作需求且低工作控制的环境中，会给员工带来压力，这种压力会使员工产生心理问题。低学习定向的员工对学习新知识、新技能没有太大兴趣，对待工作通常怀着"混日子"、得过且过的想法，进取心不强。在工作压力不高、自己完全可以轻松应付，同事间水平相当时，其个人感知的工作生活质量较高。在这种状态下，他们容易将精力转移到本职工作之外，移情于组织之外，去追寻工作以外的其他需求，自然表现出敬业度降低、对组织的情感承诺淡薄；但是如果组织处在突然的变革之中，工作要求提高，低学习目标定向的员工会感到工作压力变大，工作中自主性降低、对原先熟悉的任务失去控制权、工作不安全感提高，以及主管、同事间的支持下降，会使低学习定向的员工感觉到其工作生活质量降低。在这种情况下，低学习定向的员工为保证其工作中的既得利益不受到损害，会主动将更多的精力放回本职工作中，为保证自己不被组织淘汰，产生出对组织的依恋，从而表现出较高的敬业度以及对组织更强的情感承诺。

第二节 主要研究结论及理论贡献

（1）工作生活质量对员工的工作绩效具有直接影响。本文针对服务型企业中，与顾客面对面接触的一线员工感知的工作生活质量对员工的工作绩效具有正向影响。所谓员工绩效，对于服务型企业，不仅包括明确的任务绩效，更包含顾客导向的组织公民行为。研究结果支持了国内外人力资源管理领域针对工作生活质量的理论观点。

（2）通过对比不同的嵌套模型对员工敬业度和情感承诺的中介作用进行检验。通过文献研究，本研究选取了敬业度、情感承诺两个变量，探索其在工作生活质量与员工工作绩效关系中的内在作用机制。通过收集大样本数据，采用结构方程的分析方法，结论表明，员工敬业度和情感承诺在工作生活质量与员工工作绩效中起到完全中介作用。对Demerouti和Schaufeli（2009）等学者提出的理论观点在服务型企业中进行了实证检验，验证了相关理论观点的操作性，弥补了缺乏服务型企业工作情境实证研究的不足。充实了工作生活质量、敬业度、情感承诺和员工工作绩效等相关领域的研究。

（3）实证研究结果表明，学习目标定向并非是影响员工工作绩效的自变量，而是对工作生活质量与敬业度、情感承诺的关系具有调节作用的调节变量。具体结论如下：学习目标定向在工作生活质量对员工敬业度、情感承诺中具有调节作用。当学习目标定向高时，会显著增强工作生活质量对敬业度、情感承诺的影响。

综上所述，工作情境下，通过对本研究的初步概念模型进行的实证分析，得到研究变量之间的主要逻辑关系见图6-1。

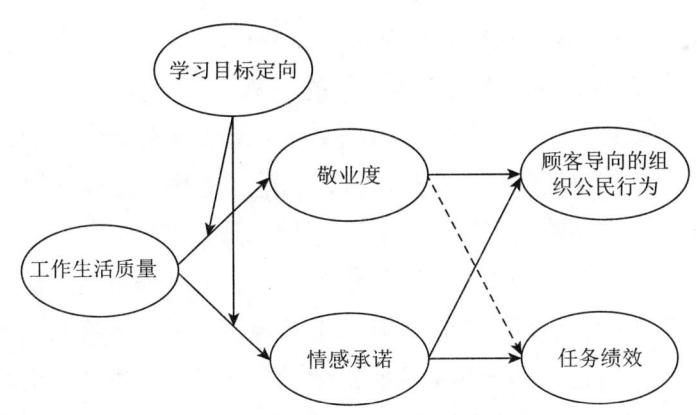

图6-1 研究变量的主要逻辑关系

工作生活质量对员工工作绩效影响机制研究——基于中国服务性岗位的调查

本研究的创新主要表现在以下几个方面:

首先,将顾客导向的组织公民行为应用到员工工作绩效领域。工作绩效宽泛而言,是一个标准问题,是个体为实现组织目标的行为和表现。自1993年由 Borman 和 Motowidlo 提出的情境绩效与任务绩效的二维绩效模型以来,已被研究者们广为关注。不同于具有强制性的任务绩效,情境绩效通过人们一系列自愿的、人际间、面向组织的行为,营造出一个良好的心理和社会环境,有利于组织整体任务的达成。现代企业中,严格按照工作职责规定的任务执行已远远不能达成组织目标,往往需要员工更多地相互合作与支持。单凭任务绩效来评价员工对组织的全部贡献难免狭隘(Conway,1999)。情境绩效的引入扩展了工作绩效的研究范围,反映了工作中员工与他人间的互动协作,工作内容已超出工作说明书中的规定项目。在本研究的面对面接触顾客的服务业中,员工除了对组织、对同事的组织公民行为,顾客导向更是服务企业经营管理过程中的重中之重(Dunlap,1988)。员工的顾客导向行为会为组织和顾客双方建立起长期、稳固的关系,最终使双方受益(Kelly,1992)。在服务型企业中,员工代表组织直接与顾客接触,"生产"服务产品(Zeithaml & Bitner,1996)。顾客对于服务企业的重要作用不容置疑,许多学者建议对于服务型企业员工的组织公民行为的研究应该加入顾客导向或服务导向的内容(Borman & Motowidlo,1993;Podsakoff & MacKenzie,1997)。鉴于本文的研究对象是服务业中面对面接触客人的一线员工,除任务绩效外,本研究采用了顾客导向的组织公民行为(Customer-oriented OCB,CO-OCB)"为了提供优质服务,提高顾客满意度,员工所做的超出其工作范围的、有利于顾客的行为(Dimitriades,2007)"作为情境绩效。并采用Morrison(1996)开发的顾客导向的组织公民行为(CO-OCBs)量表作为测量工具进行研究,构建了适用于面对面接触顾客的服务型企业一线员工的二维绩效模型,填补了这一研究领域的空白。

其次,揭示了工作生活质量对员工工作绩效的影响过程机制。基于工作生活质量的重要性,在人力资源管理领域已经开始了其与员工工作绩效等相关工作变量关系的研究。学者们也普遍认为工作生活质量会对员工工作绩效产生正向影响。但是影响机制如何?是直接影响还是间接影响?通过哪些因素影响?影响效果有多大?这些尚缺乏理论和实证研究的检验。同时,也有大量研究发现员工敬业度和情感承诺也会影响员工工作绩效,这是从不同角度出发解释同一问题,还是理论间存在某种关系？是否可以将它们整合？本研究通过规范、严谨的实证研究方法，验证了工作生活质量对员工工作绩效的路径作用机制，整合了相关理论，也验证了工作生活质量不仅可以直接对员工工作绩效产生影响，而且可以通过敬业度和情感承诺间接起作用，从心理学的角度揭示了工作生活质量对员工工作绩效的作用机制，使工作生活质量与员工工作绩效之间的关系链更为清楚和完善，生动地解释了二者随之变化的中间发生了什么。具有一定的理论意义，也为企业提高员工工作绩效提供了理论依据。

最后，揭示了学习目标定向在工作生活质量与员工工作绩效之间的调节作用。学习目标定向被认为是个体在工作中展现其能力的一种相当稳定的人格特质，作为成就目标定向的重要组成部分，它究竟是一个直接影响员工工作绩效的自变量，还是通过影响变量之间的关系而发生作用的调节变量，学者们的研究结论不尽相同。本研究证明了学习目标定向并不会对员工工作绩效产生直接影响，而是一个调节变量，且不同程度的学习目标定向，对变量间的影响方向不同。即高学习目标定向正向影响工作生活质量对敬业度、情感承诺之间的关系，而低学习目标定向反向调节影响工作生活质量对敬业度、情感承诺之间的关系。该研究结论，不仅从理论上对学习目标定向的作用模式进行了分析，在广泛的争论中清晰地表达了观点，也澄清了人们原有对目标定向认识的偏见，提出了针对不同程度的学习目标定向的员工日常管理中的激励手段，具有一定实践意义。

第三节　实践指引意义及未来努力方向

一个好的人力资源管理实践能够确保组织中的员工具备较高的生产力，同时又能让员工对自己的工作现状满意。因此，工作生活质量正在成为组织中人力资源管理的重要因素。本研究讨论的工作生活质量的各维度有助于人力资源管理者进一步设计更加人性化的工作任务，以提高员工的工作生活质量。诚然，工作设计的理念和思路高度依赖于时代背景、社会环境及组织结构形态。在工业化的特殊历史背景下，人曾被极端专业化分工与大机器生产体系物化为单纯的"工具"或"螺丝钉"，在"异化劳动"下组织工作内容设计越来越狭窄、单调、乏味。在进入后工业化的当今社会，纯粹针对工作者的外在性监督控制已经不起作用，组织工作内容设计需要走出传统专业化分工的狭隘思路，转向基于内在价值的丰富化激励方面。在过去的十几年间，人们对于工作的意义在不断变化，员工寻求的是有意义的，并为他们带来满足感的工作（Chalofsy & Krishna, 2009）。员工感知的技术自主性、对工作任务的控制程度、工作本身和时间压力、工作的不安全感，以及组织中主管和同事的支持，综合影响着他们对自身工作质量的权衡。服务业中，直接面对顾客的员工需要具备更多应变性、自主性和灵敏性，较高的工作生活质量有助于他们能够在第一时间更好地为顾客服务，因此，顺应潮流、有的放矢地提高员工工作生活质量，提高个工作绩效，是每个企业人力资源管理者的重要工作。

工作绩效是人力资源管理和组织行为文献中研究最为广泛的变量（Bommer, Johnson, Podsakoff, Rich & MacKenzie, 1995）。过去，大多数组织仅评价员工多么好地完成工作职责上列出的任务，而当今组织呈现出的管理层级减少、以服务为导向的趋势，势必对员工有了更多的要求。尤其在服务型企业中，高质量的服务传递是服务业面临的重要挑战之一（Lazer & Layton, 1999）。许多企业绞尽脑汁考虑如何保证一线服务人员能够为顾客提供优质服务。一些企业为有服务接触的员工制定了详细的服务指南，以回应员工可能遇到不同的问题（Victorino & Bolinger, 2012）。但是，顾客的需求和期待各有不同，服务指南不可能穷尽所有服务接触中遇到的问题。尽管工作说明表述清晰，在服务传递中仍会有更多的变数和自主性。服务业中绝大多数的组织公民行为是一线员工针对需求采取的互动式、顾客导向的行为。这些重要的顾客导向的行为应该被扩展到组织公民行为中。我们的研究探索了员工工作绩效的两个维度，即任务绩效和顾客导向的组织公民行为，为与顾客面对面接触的服务企业衡量一线员工绩效提供了更加全面的标准。

员工感知的工作生活质量虽然会对其个人工作绩效产生影响，但是通过敬业度和情感承诺的中介作用，我们发现其对员工的工作绩效，特别是顾客导向的组织公民行为的影响更为明显。本研究中"员工敬业度对任务绩效具有正向影响"的研究假设没有得到证实，可能源自员工与主管对其"好的任务绩效"的认知差异。虽然员工全情投入，努力工作，但由于他们和主管对好绩效的看法本身不一致，导致员工很难取得领导期望的工作绩效。现实工作情境中，这类现象比较普遍。这就需要在工作中员工和主管间多进行积极有效的双向沟通，统一认识，达成一致，避免双方在工作绩效的认识上出现南辕北辙的现象。不过，研究发现，高敬业度的员工倾向于更加主动地为顾客服务，表现出积极的顾客导向组织公民行为，得到了主管对其工作表现的认同。在管理实践中，一方面，员工招聘时，企业应多注意考察应聘者是否认可企业的价值观，其自身的特质与能力是否能与组织需求匹配。对应聘者的素质进行综合的考量和评估，使员工能很快融入企业的价值体系，在源头上解决问题。另一方面，企业领导在改善员工工作质量的同时，应创造员工敬业爱岗、忠于组织的工作氛围，关注和正确引导员工的心理和态度，倡导员工发自内心的热爱工作与主动参与，强化员工的主人翁精神，这些措施有助于提高员工的工作绩效。在日常管理工作中，企业管理者应加强员工对组织的情感承诺，努力营造和谐的劳动关系，重视与员工的沟通交流，关心员工的工作生活，员工感受到组织的关怀，对组织产生归属感，情感承诺即会提高，势必会带来员工工作绩效及组织效益的提升，对企业经营管理有益。

  本文验证了高学习目标定向的员工，工作生活质量对其敬业度和情感承诺的影响越强。企业在管理实践中，对于高学习目标定向的员工，在工作中愿意接受有难度、有挑战性的工作，能够自己决定工作节奏，自主性强，企业针对这类员工为他们提供使之满意的工作生活质量，会显著提供他们对工作的敬业度和对组织的情感承诺，从而为企业贡献最优的服务表现。而对于学习目标定向较低的员工，他们经常抱有"得过且过"的心理，学习热情不高，尤其如果在企业中工作很长时间后，对单位各方面越来越熟悉，工作中难免有拖沓、懒散的现象。对于这类员工，工作生活质量对其敬业度和情感承诺的影响很弱，甚至产生负向影响。也就是说，企业如果单纯地提升他们的工作生活质量，不会让低学习目标定向的员工提升他们的敬业度和情感承诺，反而会让他们更加对工作懈怠，对组织情感淡漠。对于这类员工，企业应加强工作目标设置、绩效考核等组织管理领域的激励措施，使这类员工对现有工作产生必要的工作压力，以激发员工的内部动机，指导员工的行为方向，调动这类员工的积极性，使低学习目标定向的员工在努力实现工作目标的同时，增强对组织的情感承诺。

  总之，企业应根据员工不同的特质采取不同的管理策略。在工作中善于观察，区别对待不同程度学习目标定向的员工。鼓励高学习目标定向的员工勤思考，多为他们创造学习、培训的机会，安排他们从事具有挑战性、创造性的工作，便于他们能够充分发挥主观能动性，创造性地开展工作，带来更好的顾客导向的组织公民行为。激发低学习目标定向的员工的内在动机，使之跟上企业发展的步伐，最终达到对企业所有员工的有效管理。

但是，由于受到时间、人力、经费等因素限制，本研究中的研究对象只选择了北京地区的服务型企业员工作为研究样本，且只涉及旅游、酒店、商贸、金融、信息服务行业的面对面接触顾客的员工，不同行业之间由于工作要求、员工个体素质的不同是否会或多或少地存在差异，本研究构建的模型是否完全适用，还有待进一步研究。另外，本文采用的自陈式问卷法比较单一，答题者能否对每个问题如实回答、自我感知的准确性以及自己的判断都可能影响数据的真实性和可靠性，难免出现外部效度和社会赞许性问题，而且，现有研究采用的横截面设计只能探索变量之间的联系，不利于严格验证因果关系的方向。此外，本论文在实证研究的抽样过程中采用便利抽样的方式，依靠自身有限的人脉资源对面对面接触顾客的企业员工及其主管进行了问卷调查，虽然这种便利抽样获取的数据也具有一定的覆盖程度和普遍性，但如果增强抽样过程的随机性，会使研究结论的可靠性进一步增强。

在未来研究中，为满足学术研究的理论深度和企业管理实践的双重需要，我们应该更加深入地探讨员工工作生活质量的相关理论，为企业实践提供理论依据。未来研究可以在以下方面进一步展开：

第一，向前延伸工作生活质量对员工工作绩效影响机制的研究模型，探讨工作生活质量的各类因素构成。自从1978年这一概念提出以来，工作生活质量的内涵逐步扩展。但不同学者依旧根据自己的理解，提出工作生活质量的操作性定义、维度和影响因素，开发相应的测量问卷。由于学术界对工作生活质量的概念仍未形成较为统一的认识，使得众多研究及其结论之间缺乏可比性，难以进行交流与整合，势必制约了理论研究的进一步深化。因此，有必要进一步明确工作生活质量概念的内涵和外延，整合劳动经济学、心理学与管理学不同的研究，深化工作生活质量的理论研究，进一步夯实与完善理论基础。

第二，选取工作生活质量中某一维度对员工工作绩效的影响机制进行更为细致和深入的研究。如技术自主性（skill discretion）、任务控制（task control）、工作与时间压力（work and time pressure）、工作不安全感（job insecurity）等是如何影响员工工作绩效进行更深入探讨，进一步完善工作生活质量理论。

第三，分析不同国家或地区之间员工感知的工作生活质量的差异，以及其对员工工作绩效影响机制。未来可以选取在我国经济发展差异较大的地区间进行比较，同时也可以把我国员工与其他国家员工进行对比，进行不同文化背景下的员工工作生活质量对其工作绩效影响机制的跨国比较。

第四，今后采用纵向研究，跟踪工作生活质量、员工心理和行为等变量的变化情况，可以解决研究变量之间的因果性问题，针对某个行业或某个企业辅以案例研究，深入研究其产生、发展和变化趋势，以及内在作用机制。

实践篇

理伦篇具有一定的理论意义，也为企业提高员工工作绩效提供了理论依据。在以下的实践篇中，重点选取两家企业为代表，一是近年来新涌现出的"旅游咨询中心"这一旅游公共服务平台，另一个是百年老店"全聚德"——民族传统餐饮企业的代表，继续探索在企业经营与发展过程中出现的"人"的问题，为上述研究结果提供依据。

第七章

旅游咨询员的从业生态：现状、问题与对策
——基于北京市G区培训的评估和调查

【摘　要】旅游咨询员作为直接与顾客面对面接触的"窗口行业"，其从业质量对于改善旅游业服务质量有重要意义。本文基于对北京市G区13个旅游咨询站的51位旅游咨询员的培训效果评估和问卷调查，探讨了旅游咨询员的从业生态。结果显示，旅游咨询员队伍的英语水平亟待提升，工作生活质量和敬业度处于中等水平；情绪调节自我效能感结构性失衡，感受和调节积极情绪的效能感高于感受和调节消极情绪的效能感。最终，结合培训的效果评估和问卷调查两方面的分析，对北京市旅游咨询行业的人力资源管理提出了相应的对策建议。

【关键词】旅游咨询员；工作生活质量；情绪调节能力；工作绩效；培训效果评估

第一节　问题的提出

近年来，我国旅游业的相关负面新闻层出不穷，从"云南导游辱骂游客"到"北京一日游导游脏话连篇"，从"青岛的天价虾事件"再到如今被传得沸沸扬扬已经在两会上讨论的"哈尔滨天价鱼风波"。景点、交通、住宿、餐饮各个旅游行业的分支，都在面临着巨大的形象声誉和发展前景挑战。我国旅游业快速发展的当

下，游客在旅游过程中所"怀揣"的"怕被骗、怕被宰、怕被坑"的心理却逐渐加重。为此，我国也不断地出台了多项措施规范整顿旅游市场，并建立多种机制保障游客能够"放心出游，安享闲暇"。一大批旅游新兴职业应运而生，旅游咨询员这一职业便是其中的典型代表。这些旅游咨询员为推动我国旅游产业的升级和质量提升做出了重要贡献。然而，"他们的从业生态如何""工作生活质量是否良好""当在为游客咨询中遇到负面情绪时他们会如何疏解""是否会影响到其在未来对游客的服务质量"等诸多问题亟待关注。本文结合对于北京市旅游资源丰富的G区的13家咨询站的旅游咨询员所开展的培训与调查，深入分析和探讨北京市旅游咨询员队伍的从业生态，诊断其中的问题并给出相应的解决对策，从而为改善旅游咨询员从业质量，提高行业整体人力资源管理水平，促进旅游业稳定发展助力。

第二节 研究设计与研究方法

一、研究对象

本研究基于北京市G区旅游委委托的人力资源培训项目展开，项目的执行日期为2015年10月，参加培训的对象为北京市G区13个旅游咨询站，共计54名旅游咨询员，所有项目均完成并参与测评的共计51人。在性别分布上，女性占84.3%；年龄分布上，年龄最小的21岁，最大的44岁，平均年龄29岁；教育水平分布上，高中及以下学历的占13.7%，大专学历的占27.5%，本科学历的占56.8%，硕士及以上的占2.0%；年资分布上，在本行业工作年限最长的为14年，最短年限小于1年，平均工作年限为5年；婚姻状况分布上，未婚员工的占43.1%；所有参训旅游咨询员加权平均计算的月薪水平为3373元。

二、研究过程

研究伴随培训过程而展开，培训分为业务知识培训、英语培训和职业生涯规划能力培训。业务知识培训和英语培训后分别采用相应的业务知识笔试和口语会话能力口试进行培训效果的评估。在职业生涯规划能力培训过程中，请旅游咨询员填写相关测评问卷，问卷包含员工基本的人口统计学信息、工作生活质量、情绪调节自我效能感、敬业度等测评。此外，邀请所有参加培训的旅游咨询员的直线主管对旅游咨询员工作的任务绩效和基于顾客导向的组织公民行为两方面表现进行打分，形成研究中所使用的多源评价配对样本数据。

三、研究工具

工作生活质量的测量采用Margot（1999）等开发的测量量表[①]，共计32个题项，分为"工作自主性、控制程度、工作压力、体力消耗、工作不安全感、主管支持、同事支持"7个维度。情绪调节自我效能感的测量采用田学英（2012）所编制的测量量表[②]，共计12个题项，分为"感受正性情绪效能感、调节沮丧/痛苦情绪效能感、调节生气/愤怒情绪效能感、调节正性情绪自我效能感"4个维度。敬业度的测量采用Schaufeli（2012）开发的量表[③]，共9个题项。任务绩效的测量采用MacKenzie（1988）开发的量表[④]，共5个题项。顾客导向的组织公民行为的测量采用Morrison（1996）开发的量表[⑤]，共7个题项。以上测量均采用李克特五点量表进行评价，其中工作生活质量、情绪调节自我效能感、敬业度等由旅游咨询员自我评价，任务绩效和顾客导向的组织公民行为由其直线主管评价。研究中各个变量的Cronbach's Alpha系数均达到了0.7以上（具体结果参见表1）。此外，业务考试考核采用北京联合大学旅游学院题库命题，并由阅卷组进行评阅，分数为百分制。英语口语考试由北京联合大学英语教授担任主考进行考核，分数为百分制。

[①] Margot Van D D, Stan M. The Leiden Quality of work questionnaire: its construction, factor structure, and psychometric qualities[J]. Psychological Reports, 1999, 85（2）: 954-962.
[②] 田学英. 情绪调节自我效能感：结构、作用机制及影响因素[D]. 上海师范大学，2012.
[③] Schaufeli W B. Work engagement. What do we know and where do we go[J]. Journal of Applied Psychology, 2012, 14（1）: 3-10.
[④] McKenzie S B, Podsakoff P M, Ahearne M. Some possible antecedents and consequences of in-role and extra-role salesperson performance[J]. Journal of Marketing, 1988, 62（5）: 87-98.
[⑤] Morrison E W. Organizational citizenship behavior as a critical link between HRM practices and service quality[J]. Human Resource Management, 1996, 35（4）: 493-512.

第三节　数据分析结果

一、描述性统计与简单相关分析

本次对于北京市G区旅游咨询员的业务知识、英语口语的评估和对工作生活质量等变量的调查结果如表7-1所示。从中可以看出，G区旅游资源员对于相关专业知识的储备情况较为理想，而英语口语的掌握情况不佳，平均得分仅为55分，整体的平均成绩在及格线以下，暴露出G区旅游咨询员的英语是一块短板。

表7-1　各变量均值、标准差及简单相关系数矩阵

	M ± SD	1	2	3	4	5	6	7
1.业务知识	83.86 ± 12.70	—						
2.英语口语	54.88 ± 24.48	0.607**	—					
3.任务绩效	4.58 ± 0.47	−0.048	−0.019	(0.836)				
4.组织公民行为	3.98 ± 0.74	−0.065	0.027	0.680**	(0.899)			
5.工作生活质量	3.54 ± 0.37	−0.255	0.005	0.199	0.194	(0.781)		
6.敬业度	3.22 ± 0.78	−0.341*	−0.197	0.015	0.083	0.644**	(0.920)	
7.情绪调节自我效能感	3.63 ± 0.54	0.236	0.106	−0.217	−0.266	0.126	0.233	(0.833)

注：①括号内为量表的Cronbach's Alpha系数；②**表示在0.01水平（双侧）上显著相关，*表示在0.05水平（双侧）上显著相关。

从表中7-1可以看出，旅游咨询员的业务知识水平和英语口语水平之间存在显著的正相关（$r=0.607$，$p<0.01$），业务知识水平与敬业度之间却存在显著的负相关（$r=-0.341$，$p<0.05$），业务知识水平得分较高的旅游咨询员敬业度水平却相对较低，这一现象值得关注。调查中邀请每一位旅游咨询员的直接上级（主管）对其所属员工在工作中的任务绩效表现和顾客导向的组织公民行为进行评价分析。其中"任务绩效"指的是"旅游咨询员本职工作的完成情况"；"组织公民行为"指的是"为了

提供优质服务，提高顾客满意度，旅游咨询员所做的超出工作范围，但却在整体上有利于顾客的行为"。调查结果显示，各位主管对其下属旅游咨询员所承担本角色内的工作任务的评价较高，均值为4.58，并且离散程度较小。而主管评价各位旅游咨询员是否超越角色范围，主动承担更多的工作任务，展现出较多的利于顾客的组织公民行为的评价不一，总体水平居中，均值为3.98，并且离散程度较大，标准差达0.78。而旅游咨询员角色内的任务绩效和角色外的顾客导向的组织公民行为之间呈现显著的正相关（$r=0.680$，$p<0.01$），这说明旅游咨询员工作的角色边界不清晰，难以显著地区分出"角色内"和"角色外"的工作任务。此外，调查中显示，旅游咨询员的工作生活质量与敬业度均处于中等水平，并且两者之间存在显著的正相关（$r=0.644$，$p<0.01$），工作生活质量较高的旅游咨询员，其敬业度也相对较高。

二、工作生活质量情况描述

采用多维度量表对旅游咨询员的工作生活质量进行调查，以反映旅游咨询员的工作生活质量。总体来看，旅游咨询员的工作生活质量处于中等水平（均值为3.54，见表7-1），各维度得分均值的具体结果如图7-1所示，从中可以发现调查中旅游咨询员的"任务控制、工作时间压力、技术自主性以及主管支持"四个维度得分较低。这样的结果反映出，目前旅游咨询员对于工作节奏的安排仍然缺乏自主性，在工作中的平均时间较长，存在着过度劳动的趋势，并且由于职业特殊性，因而工作中重复性的咨询的工作量较大，极易造成职业倦怠，这些均成为旅游咨询员工作生活质量有待提高的重要原因。

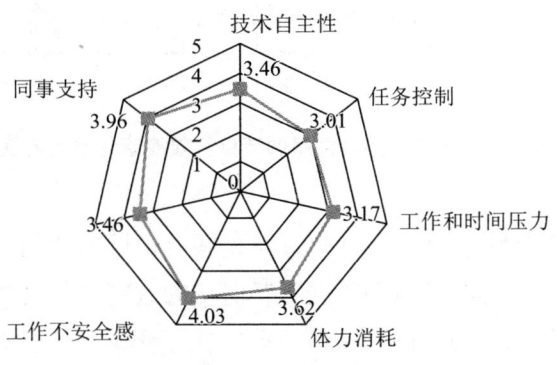

图7-1 旅游咨询员工作生活质量分维度均值雷达图

三、情绪调节自我效能感情况描述

情绪调节自我效能感这一概念用于描述个体对能否有效调节自身情绪状态的自信程度。研究表明，人类的情绪调节是一个复杂的过程，在这一作用过程当中，个体的情绪管控，不仅仅在于既往研究的情绪调节的技巧和能力，还在于个体对"情绪调节能力的感知"，即通俗所讲的个体对于化解自身情绪是否有足够的自信。国内外学者对于这一问题的研究仍方兴未艾，Caprara（2008）研究认为情绪调节自我效能感包括感受正性情绪效能感、调节沮丧/痛苦情绪效能感以及调节生气/愤怒情绪效能感三个维度，国内学者田学英（2012）基于理论探索在此基础上增加了一个新的维度，即"调节正性情绪自我效能感"。旅游咨询员作为一个与顾客直接面对面接触的行业，其情绪控制能力，不仅仅影响自身的工作状态，同时还会直接影响到其对顾客的服务质量，因而对于旅游咨询员情绪调节能力的分析讨论十分必要。本研究基于以上四个维度采用相应的量表对旅游咨询员的情绪调节自我效能感进行了调查，从整体来看，旅游咨询员的情绪调节自我效能感处于中等水平（均值为3.63，见表7-1），但不同维度结构得分显著失衡，具体情况见图7-2所示。

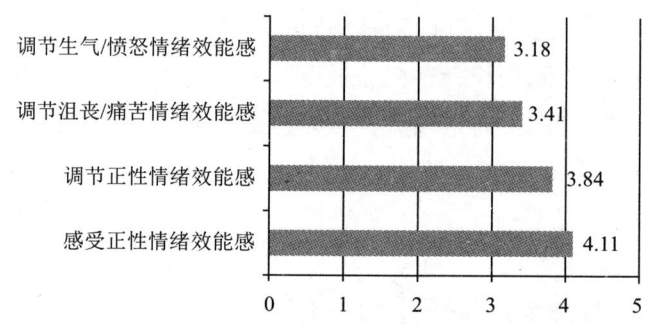

图7-2　旅游咨询员情绪调节自我效能感分维度均值

从图7-2中可以看到旅游咨询员的感受和调节积极情绪的效能感显著高于调节消极情绪的效能感，特别是调节生气/愤怒情绪的效能感得分均值最低，仅为3.18分。而旅游咨询员作为"面对面"服务行业，在工作中难免会有"不良体验"，此时调节生气/愤怒情绪的能力的重要意义就十分凸显，这也可能是旅游行业频发矛

盾集中症结所在，是未来旅游行业从业人员培训的重点

第四节　讨论与建议

基于对于对北京市G区旅游咨询员培训效果的评估和相关的问卷调查，对旅游咨询员的从业状况进行了分析。从中可以看到，未来对于旅游咨询员这一职业的人力资源管理，特别是其培训与开发工作的重点集中在以下几个方面。

一、继续强化业务知识学习，增强咨询员专业技术水平

本次培训组织中，安排了对于业务知识的学习内容，并且编制了内部讲义供各位旅游咨询员学习。从最终业务知识的考核上来看，培训活动取得了良好成效，旅游咨询员的笔试成绩普遍较好。但与此同时，在培训活动过程和对试卷进行详细分析中，也发现仍存在一些问题，亟待在未来的工作中改善。如在笔试中，采用了主观的方案设计题考察旅游咨询员接待游客咨询的实操能力，考核结果显示，参训的旅游咨询员在该题上的得分有较大差异，所设计出的方案水平也是参差不齐。从中提示，在未来针对旅游咨询员的培训活动中，应进一步加强业务知识的学习，开展"多角度""多层次""多形式"的培训活动，并且应试图建立区域内旅游咨询员之间的"互帮互学""彼此互促"的经验分享机制，以进一步提升旅游咨询员的专业技术水平，更好地服务游客。

二、着力锻炼外语综合能力，打造国际旅游咨询员队伍

如前所述，本次培训评估结果显示，旅游咨询员队伍的英语水平，特别是英语口语水平亟待进一步加强。北京作为我国首都，每年接待国际游客的总数位列前次，在建设世界城市的背景下，年均入境旅游人数增长幅度更加明显。因而，旅游业的发展势必要走国际化的路线，每一位旅游咨询员熟练掌握英语交际能力就显得十分必要。在未来的针对旅游咨询员的培训工作当中，应当着力锻炼提升旅游咨询员的外语综合能力，打造一支"专业技术过硬"的国际化旅游咨询员队伍，以更加优异的姿态服务于来自世界各地的国际友人，树立旅游咨询员队伍更加良好的形象。

三、梳理变革管理策略手段，显著改善工作和生活质量

研究显示，旅游咨询员队伍自我评价的"工作—生活质量"较低，突出表现在"任务控制、工作时间压力、技术自主性以及主管支持"等多方面。事后针对部分旅游咨询员的深度访谈显示，造成这一情况的因素是多方面的，其中有"工作特性问题""人员构成问题（编制内/派遣工）""管理机制问题"以及"管理手段问题"等。在未来制定相关政策，开展各类管理活动中，应进一步从提升旅游咨询员队伍的工作满意度，改善"工作—生活质量"这一着眼点出发，采取更加"人性化"的管理手段和策略，使得旅游咨询员能够更好地安于本职工作，从而奉献于旅游事业。

四、创新开展情绪管控培训，全面提升游客咨询满意度

如前文问题的提出提及的，近年来，旅游行业中曾有多项负面的报道出现，其中反映的旅游行业的问题各异，背后的原因也是众说纷纭，而关于旅游行业从业人员的"情绪管控"问题在其中凸显。本次调查显示旅游咨询员的调节负向情绪的效能感有待加强。旅游咨询员每天的工作都需要与游客"面对面"地交流接触，不同的游客服务经历可能会造成旅游咨询员的不同情绪变化，而此时如果旅游咨询员不善于调节和管控自我的情绪，也势必会导致游客服务质量的下降和旅游咨询员自身工作满意度的降低，既影响旅游业的整体声誉，又影响旅游咨询员队伍的稳定。因而，在未来的培训中，应该创新开设针对旅游咨询员"情绪管控"能力的培训，使得旅游咨询员能够化解在工作中的负向情绪体验，以更加饱满的工作热情和积极向上的情绪投入到每一天的工作当中，以全面提升游客的咨询质量，实现旅游咨询员个人积极发展和游客咨询满意度改善的双赢。

第八章

北京老字号餐饮企业用人文化的历史流变与传承发展：以全聚德为例

【摘　要】 北京老字号餐饮企业是北京城市文化的标签，也是北京市"首善之都"未来发展的重要部分。基于现实考察和理论的梳理，不难发现，"人"的问题在老字号餐饮企业的传承和发展过程当中起到了至关重要的作用。无论是过去还是现在，企业的经营与发展，归根结底还是依靠全体员工的努力。在历史流变的过程当中，究竟是何种"用人文化"和"用人特色"支撑老字号餐饮企业走过百年风雨而屹立不倒成为民族的瑰宝，又是什么样的"用人问题"使得曾经辉煌过的一些老字号餐饮企业举步维艰？而全聚德集团为什么能杀出重围，300多年来发展至今，成为行业典范？基于上述时代背景，通过多种研究方法探索全聚德"用人文化"的传承变迁，并为老字号餐饮企业未来发展提供思路以传承"北京文化"，成为一项重要课题。

北京老字号餐饮企业是北京城市文化的标签，也是北京市"首善之都"未来发展的重要部分。研究老字号餐饮企业，不仅是研究民族传统企业的历史发展，更是研究民族精神的继承发展，具有承前启后的作用。创建于1864年的"全聚德"，传承宫廷挂炉烤鸭技艺，是享誉海内外的"中华第一烤鸭店"。历经三个世纪的磨砺，现已发展为拥有100余家成员企业，年接待近2000万顾客，是北京，乃至全国的知名品牌。学术界和理论界对于老字号的发展问题也进行了较为广泛的关注和研究。而基于现实考察和理论的梳理，不难发现，"人"的问题在老字号餐饮企业的传承和发展过程当中起到了至关重要的作用。无论是过去还是现在，企业的经营与发展，归根结底还是依靠全体员工的努力。在历史流变的过程当中，究竟是何种"用人文化"和"用人特色"支撑老字号餐饮企业走过百年风雨而屹立不倒成为民族的瑰宝，又是什么样的"用人问题"使得曾经辉煌过的一些老字号餐饮企业举步维艰？而全聚德集团为什么能杀出重围，300多年来发展至今，成为行业典范？本研究基于以上背景，通过多种研究方法探索全聚德"用人文化"的传承变迁，并为老字号餐饮企业未来发展提供思路以传承"北京文化"。

第一节 绪论

一、选题背景

（一）老字号企业的兴衰是传统文化和民族精神的寄托点

老字号一般都是有着数百年发展历史沉淀下来的企业精华，我国现在认定的老字号包括百货、中药、餐饮、服装、调味品、酒、茶叶、烘焙食品、民间工艺品等，这些中华老字号一直都被当作是传统商业中的精髓。老字号企业的兴衰能够直接反映我国传统文化的发展现状，更是传统民族精神的寄托。据统计，我国"老字号"历史不足100年的约占57.3%；100年至200年的占28%；200年至500年的约占12.7%；500年以上的占2%。[①]目前全国各行业共有老字号商家几千家，经商务部两次认定的"中华老字号"有904家，其中，北京市占所有老字号企业的13%，居全国第二位。

老字号首先体现在"老"上，老字号平均寿命超过100岁，往往横跨不同时代。其次体现在"创新"上，正如可口可乐，已经存在了整整130年，但是"可口可乐"这一品牌仍然受到当代年轻人的追捧，并被奉为时尚。从表8-1可以看出，各国著名老字号的发展大多要经历变化和战略延伸。因此，老字号想要进一步发展，就不能沉醉于传统模式，而应该走出创新的第一步。

---

① 王正志等.中华老字号：认定流程、知识产权保护全程实录［M］.法律出版社，2007：14.

表8-1 各国著名老字号的变化发展（截至2016年）

名称	创建年份	年龄	起家	现在主营	变化情况	国别
永安堂	1403	613	中药	中药	不变	中国·北京
便宜坊	1416	600	焖炉烤鸭	焖炉烤鸭	不变	中国·北京
六必居	1530	486	酿酒	酱菜	变化	中国·北京
大顺斋	1637	379	特色食品	特色食品	不变	中国·北京
同仁堂	1669	347	中药	中药	不变	中国·北京
王致和	1669	347	臭豆腐	腐乳、酱油、醋等	延伸	中国·北京
荣宝斋	1672	344	纸店	文房四宝、艺术品	延伸	中国·北京
天福号	1738	278	酱肘子	酱肘子	不变	中国·北京
杜邦	1802	214	火药	化学品	延伸	美国
吉百利	1824	192	杂货店	食品	延伸	英国
娇兰	1828	188	香水	香水	不变	法国
宝洁	1837	179	肥皂和蜡烛	织物及护理品等	变化	美国
西门子	1847	169	烟花	通讯电气	变化	德国
卡地亚	1847	169	首饰	手表、珠宝	延伸	法国
内联升	1853	163	布鞋	鞋	基本不变	中国·北京
路易·威登	1854	162	箱包	服装服饰	变化	法国
瑞蚨祥	1862	154	绸布点	绸布点	不变	中国·北京
拜耳	1863	153	止疼药	制药、化学品	延伸	德国
全聚德	1864	152	挂炉烤鸭	以烤鸭为主高档餐饮	基本不变	中国·北京
雀巢	1866	150	奶粉	食品	延伸	瑞士
可口可乐	1886	130	药店	可乐	变化	美国
吴裕泰	1887	129	茶庄	茶庄	不变	中国·北京
飞利浦	1891	125	灯泡	电器用品	延伸	荷兰
登喜路	1893	123	烟具店	绅士用品	延伸	英国
东来顺	1903	113	粥摊	涮羊肉	延伸	中国·北京
香奈尔	1910	106	女帽	时尚用品	延伸	法国

资料来源：根据邓里文（2007）重新整理所得。

（二）北京市老字号餐饮企业是北京市旅游文化资源的着力点

老字号餐饮企业，不仅享有悠久的历史和声誉，也是我国传统餐饮文化的代表，而且很大程度上也是我国某一时期某个地域特定文化或社会背景的真实写照，被誉为文化的"活化石"。然而，在餐饮行业竞争日益激烈的今天，一大批餐饮老字号却举步维艰甚至面临淘汰出局的窘境。因此，在继承传统的前提下，如何探索老字号餐饮企业的未来发展之路成为亟待研究的一个焦点。

北京拥有一大批老字号的餐饮企业，而随着历史的发展和时代的变迁，目前，地处北京的老字号餐饮企业的经营现状并不尽如人意，现状堪忧。"观念守旧、经营不善、后继无人"等问题在老字号餐饮企业的经营过程当中凸显。据有关资料显示，诸多"老字号"中，勉强维持的约占70%，长期亏损、面临倒闭的约占20%，而真正具有一定规模、效益好的为数并不多。

北京作为中国的首都和文化中心，拥有上千年的历史文化传统、历史古迹，而且在承办了北京奥运会、APEC会议等世界性盛会后，在世界性都市的道路上更进一步。根据《北京城市总体规划（2004年—2020年）》的要求，北京的城市发展目标确定为"国家首都、世界城市、文化名城和宜居城市"。作为国际金融中心、决策控制中心、国际活动聚集地、信息发布中心和高端人才聚集中心，世界城市必然对全球的经济、政治、文化等方面产生着重要影响。在大力发展城市经济的同时，世界城市要不断探索可持续发展方式，世界城市风景优美，前来观光旅游的人络绎不绝，因此旅游行业成为发展成为世界城市的重要途径。

北京作为中国的首都和闻名世界的历史文化名城，对海内外游客具有巨大的吸引力，已经形成以国际旅游为中心和国内旅游为基础的旅游经济产业，旅游业作为战略性产业，已经成为北京市的支柱产业。①从北京市近十年的旅游业发展趋势来看，北京市旅游总收入保持在8%以上，高于同期的GDP增长速度。其中，2006—2010年，北京市累计接待入境旅游者2107.4万人次，比"十五"期间增长44.3%；旅游外汇收入累计224.7亿美元，同比增长52.5%；累计接待国内游客（含北京市民在京游，下同）7.5亿人次，同比增长34.7%；实现国内旅游收入9712.9亿元人民币，同

---

① 《国务院关于加快发展旅游业的意见》（国发〔2009〕41号）指出：旅游业是战略性产业，资源消耗低，带动系数大，就业机会多，综合效益好。

比增长125%。① 2014年，北京市旅游总人数达到2.61亿人次，同比增长3.8%。旅游总收入4280.1亿元，同比增长8%。②未来北京市旅游业的发展势头仍然不减，旅游文化发展空间巨大。

在此背景下，老字号餐饮企业没有理由不搭上北京市旅游文化产业大发展的快车，成为北京市旅游文化的招牌。据2006年的统计数据显示，食品工商业和餐饮业"老字号"占64%左右③。北京市老字号餐饮文化是北京文化的重要组成部分，其所承担的不仅包括餐饮文化，更是人文历史的见证。因此，研究北京老字号餐饮企业，不仅是对餐饮企业个体发展前景的研究，而且承载着继承发展北京市悠久历史文化的历史使命。"天下第一楼""绿色烤鸭""满汉全席第一家"等各种口号随着话剧、电影电视、新媒体的传播已经家喻户晓，很多游客慕名而来。因此，如何让"老口味"留得住"新青年"成为老字号餐饮企业的重大课题。

（三）全聚德作为"吃螃蟹"第一人是老字号走向新时代的发起点

老字号多是由街边走向店铺，由店铺走向规模。但是，多数老字号在发展中固守着"酒香不怕巷子深"的"坐商"思维，不愿意主动进行管理、人事、制度等方面的改革，更担心从传统走向现代管理会影响企业的"纯正血统"。因此，多数老字号宁可不发展，不创新，也不愿意改变企业的发展模式。

老字号虽然承担着大量的"外显价值"，但从本质上仍然是具有品牌优势的个体企业。因此，对于老字号企业来说，盈利仍然是企业的天职。研究表明，70%的消费者需要品牌来指导他们的购买决策；50%或更多的购买行为是品牌驱动的；25%的消费者声称如果购买他们所忠诚的品牌，价格则无所谓④。全聚德作为一家从新中国成立初期就受党和国家高级领导人高度赞誉过的企业，在经历了国有企业改制和走向国际的发展过程中，走出了从人治到法治、从传统发展到现代公司治理的第一步，成为老字号主动创新的典型代表，也是北京市餐饮服务业第一家股份制企业。

---

① 北京市"十二五"时期旅游业发展规划全文，http：//www.chinateamwork.com/html/news/1007222423.html。
② 2014年北京旅游业概况，http：//www.bjta.gov.cn/xxgk/tjxx/372299.htm。
③ 王焯."老字号"商业品牌之振兴策略［J］.人民论坛，2012（8）：70.
④ 王成荣，李诚，王玉军.老字号品牌价值［M］.中国经济出版社，2012：3.

二、研究意义

本研究从现代管理学理论出发，从历史变迁、传承发展多个视角，采用文献分析、史料探索、问卷调查和深入访谈等通过多种方法研究全聚德集团用人文化，具有重要的理论及现实意义。

从老字号的传承角度考察，其一，老字号承担巨大的民族振兴价值，是民族文化的符号。老字号不仅展现商业文化，而且展现宗教文化、教育文化和饮食文化，对于展现和弘扬优秀传统文化具有不可替代的重要作用。其二，老字号具有巨大的旅游文化价值，是繁荣北京市旅游文化产业的重要组成部分。老字号和北京的旅游文化产业密不可分，来北京参观的游客必然会参观老字号企业，尤其是餐饮文化企业。其三，老字号拥有显著的历史挖掘价值，是北京城历史文化的组成篇章。老字号投射出一段时期的政治、经济、文化，对一定时期内的社会变迁、人口迁移、商业环境、社会动乱等都是重要的反映，拥有较强的史料研究价值。其四，老字号承载巨大的百年公司研究价值，是"基业长青"的重要参考坐标。企业的发展都有一个显著的发展周期，即"萌芽—成长—高峰—衰退"的发展过程。在人类公司史上，在发展中出"昏招"导致公司败退的企业不在少数，而老字号层出不穷"昏招"背后的教训正是其他企业的重要参考。

从理论层面考察，随着人力资源管理在我国的不断传播和应用，关于人力资源管理理论和应用的研究也逐渐兴起。然而，绝大多数的人力资源管理研究多聚焦于现代工商企业组织当中，而针对传统企业管理思想和管理手段的研究相对缺位。因此，本课题选取全聚德为研究的对象，探索因其所处的地域、行业的性质和其自身独特的文化、历史等特征带来的其"用人文化"的特质，可以进一步丰富和完善北京传统文化史和人力资源管理思想史的理论研究。

从实践层面考察，聚焦全聚德集团，对其百年来用工文化的研究与探索，具有极强的现实意义。北京作为全国的首善之地，文化积聚效应是首都北京独特的城市叠加功能。京菜老字号的发展问题，正在成为社会广泛关注和研究的热点。老字号的优势是品牌，由什么样的人来维护和管理，又如何才能做好继承与创新，是老字号餐饮企业必须面对的问题。因而，通过本研究，可以厘清全聚德"用人文化"与"用人策略"中的关键成功因素，为其未来发展助力。

三、研究内容及框架

本研究以全聚德集团为研究对象，从现代组织理论和人力资源管理理论视角出发，以历史流变的时间历程为线索，研究其企业的"用人文化"，从而为北京老字号餐饮企业未来发展和改进提出合理化的建议。研究的主要内容如下：

（1）全聚德及其"用人文化"的发展历程。以时间为主线，分析全聚德的发展历程，深入挖掘其中的"用人文化"，讨论其不同发展时期"用人文化"演变这一因素是否对其崛起的解释力。

（2）全聚德"用人文化"的特点及其成因。深入挖掘全聚德"全而无缺，聚而不散，仁德至上"的企业经营理念，在人力资源管理过程中的影响机制，总结凝练全聚德"用人文化"的特点，从而回答为什么众多餐饮企业在发展过程中不同命运的背后原因，为北京餐饮企业健康发展提供经验借鉴。

（3）全聚德"用人文化"对企业发展的作用及启示基于以时间为序的历史流变研究和同一时间基点的横断比较研究，探索历史选择留下的成功的全聚德的"最佳用人管理实践"，结合对当代我国老字号餐饮企业人力资源管理领域面临的主要矛盾的判断，为进一步处理好这些主要矛盾，使得老字号餐饮企业实现基业长青提供清晰的思路。

基于以上基本研究思路和主要研究内容，本研究的主要研究方法如下：

（1）文献研究法。文献研究旨在梳理已有的研究基础，建构本研究的基本研究思路、研究框架及相关命题和假设的基础。本研究将利用CNKI，EBSCO，SAGE，Emerald等数据库围绕核心内容与关键词进行文献追踪和阅读，梳理本研究内容的学理上的演化过程，并指导本研究后续的理论分析和实证测量。

（2）社会史志法。通过收集地方志、社会史和其他历史资料，分析北京老字号餐饮企业"用工文化"的演化规律。

（3）案例研究法。聚焦全聚德集团，分析比较其不同时期的"用人文化"，探索其对于企业发展可能的贡献，并梳理出"最佳用工实践"。

（4）开放访谈法。选取部分典型北京老字号餐饮企业，对其管理者和一线员工开展有针对性的非结构化和结构化相结合的访谈，以弥补定量分析难以深入的不足，并充分挖掘在其发展过程当中的"用人故事"。

综上，本研究的思路、方法和技术路线如图8-1所示。

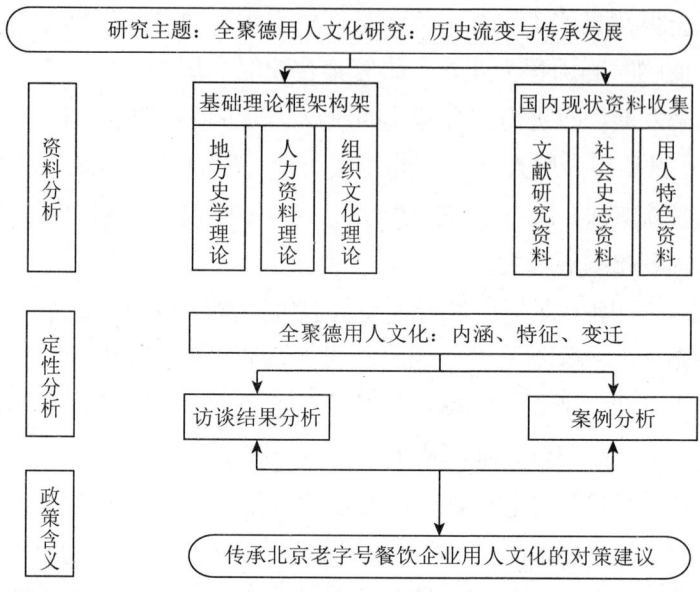

图8-1 研究的思路、内容、方法及技术路线

第二节 研究综述

在已有的研究当中，学者们从多个学科视角探究了北京老字号文化及其传承的诸多问题。如探讨北京餐饮老字号的文学传播路径（王新惠，2013）、探讨老字号的技艺传承问题（舒瑜，2013）、探讨新媒体视野下老字号品牌推广创新的表现形式（孔昭林等，2012）、探讨北京老字号餐饮企业生存现状分析与成长机制（张玉凤，2009）、探讨老字号的整体发展现状（朱晓策等，2004）以及老字号的转型研究（施炳丰等，1998）。品牌延伸是提升老字号品牌竞争力的有效途径，学者们（何佳讯，2011；陶骏和李善文，2012；许衍凤、赵晓康，2014）对于老字号品牌延伸机制做了一定探索，其中，许衍凤、赵晓康（2014）对"全聚德"和"便宜坊"等做品牌做了实证研究发现延伸产品与母品牌之间的感知契合度正向影响老字

号品牌延伸态度，消费者创新性反向调节感知契合度与品牌延伸态度之间的关系。从以上梳理中不难发现，已有研究多立足于老字号的品牌传播、技术工艺的传承、发展管理与体制转型等，而鲜有关于老字号企业"用人问题、用人策略以及用人文化"的梳理和分析，因而亟待补充研究探索。

企业文化主要是指企业具有内部导向功能、激励功能和外部凝聚功能、执行功能的企业潜在行为方式和行为准则。企业文化的核心就是人力资源文化。在信息时代，在一个以服务为基础的经济环境中，企业间的竞争越来越体现在建立、培养和应用有限的知识和专长的能力上。从现有文献来看，学者普遍认为企业文化对人力资源管理具有激励和推动的作用。张玉明、刘德胜（2010）认为企业文化对科技与管理人才结构、人才流动和能力培训等有积极作用。黄孝俊（2002）通过案例研究和问卷调查研究人力资源战略与企业文化之间的关系，认为不同组织体制的企业在两者及其关系上表现出差异性，由此导致了管理行为或决策模式选择等的偏向。张莎（2005）从人员留任的角度指出企业文化是企业能够留住人才的重要因素。部分学者探讨了企业文化与人力资源战略特性与匹配（黎伟，2003；杨静，2006）。丁敏（2006）将企业文化划分为家族式、官僚式、发展式、市场式四种类型，用不同的方法划分人力资源战略，分别来探讨与不同企业文化相结合的人力资源战略类型。

魏立群、刘军、陈苑仪（2008）从企业战略人力资源管理的执行角度，以我国110家企业为样本探讨企业文化在战略人力资源管理与组织绩效之关系中的中介效应，发现相对于发展性企业文化的显著作用，等级型企业文化并不能对公司绩效产生显著的影响。彭红霞、达庆利（2007）通过对长三角地区的150家跨国企业进行问卷调查的实证结果进一步显示，人力资源系统并不会直接影响企业创新，而是通过企业文化的中介作用来影响创新绩效。这对于研究全聚德这样的老字号餐饮企业有很强的借鉴作用。

作为老字号企业中全国知名度比较高的企业，全聚德一直是学术界研究老字号问题的重点个案研究对象。从现有的文献来看，对于全聚德的研究主要集中在营销策略（刘佐太、景鹏飞，2006）、连锁经营模式（张永、张浩，2012）等领域。其中，学者张永、张浩（2012）指出全聚德连锁经营模式的关键因素是标准化制度的确立、特色的营销模式、资本的运作等。

然而，学者对于"全聚德"人力资源问题的相关研究较少。邢颖、弓如英（2014）研究指出全聚德集团强调价值形成模式、资源组合方式、运营模式、管理模式等方面进行商业模式创新，其中，管理模式包括组织变革流程再造、总部管控模式、激励机制与任期考核三个方面，并把技术骨干和管理人才作为公司的核心能力；田雅琳（2010）指出现有的"订单式"人才培养模式存在校企合作深度不够、"双师素质"师资数量不足等问题，并指出从全聚德集团"订单式"人才培养项目入手，通过企业与学院的双方合作，构建新型的餐饮管理专业人才培养模式，实施高职教学过程中的前向一体化战略。然而，从全聚德现有的培养过程来看，人才培养环节仍然存在很多问题；张永、张浩（2012）采用案例分析的方法分析指出全聚德在连锁经营模式上应重视人才培养和科技运用（图8-2）。

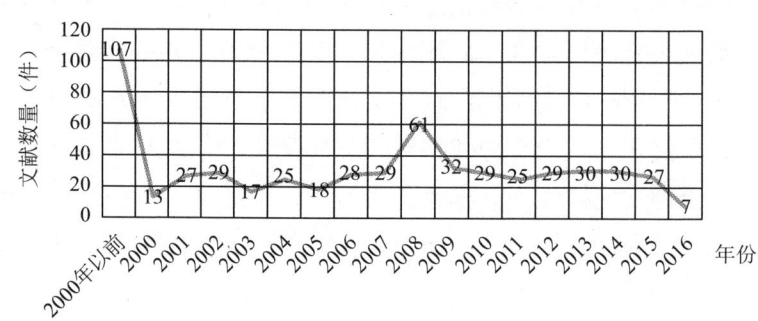

图8-2 "全聚德"研究相关文献分布

截至2016年，全聚德走过了152年的历程，经历了起起伏伏的漫长发展。全聚德的发展大体可以分为两个阶段：

第一个阶段是全聚德从街边走向店铺，由店铺走向规模的发展阶段。第一只真正意义上的全聚德鸭源应该来自第一任老板杨全仁在前门桥头石板道旁摆的鸭子摊。在经历了27年的街边宰鸭生意后，杨全仁才于1864年盘下"德聚全"干果店，并改为"全聚德"烤鸭店。从1864年到民国早期，全聚德的店面规模从平房改为二层小楼，从只能外卖的炉店改为堂厅，全聚德的名声更是享誉北京城。到20世纪30年代，北平四九城公认"全聚德烤鸭京师第一"。[①]新中国成立后，全聚德经历了

---

① 北商商业研究院. 嬗变之路：全聚德集团改革发展纪实［M］. 人民日报出版社，2014：9.

短暂的消沉期。1952年6月，全聚德成为北京市第一批公私合营的试行单位，全聚德也从倒闭的边缘活了过来，并于两年后在西长安街设立分店。1979年4月25日，位于和平门的北京烤鸭店新楼成为当时全国经营面积最大的烤鸭店。一年后，北京烤鸭店恢复了"北京全聚德烤鸭店"老字号。1992年下半年，北京市政府决定把全聚德从服务局和旅游局抽出来独立，成立全聚德集团，归市政府直管，这一决定彻底改变了全聚德的命运，全聚德走向了集团发展的新道路。

第二个阶段是全聚德从规模走向集团，由人治走向法治的成熟阶段。在集团成立以来，全聚德更是将创新变革作为推动集团发展的不竭动力。1993年中国北京全聚德集团成立；1994年，组建北京全聚德烤鸭股份有限公司；2004年，与首旅集团、新燕莎集团实现战略重组，仿膳饭庄、丰泽园饭店、四川饭店进入全聚德集团，组建中国全聚德（集团）股份有限公司；2007年，"全聚德"在深交所挂牌上市，从传统国有企业、单一品牌餐饮企业发展成为多品牌融合的集团化上市公司。现在，百年老字号餐饮品牌全聚德旗下共有4个品牌，以"全聚德"烤鸭为代表的"全鸭席"系列菜品、以经营"满汉全席"为特色的仿膳饭庄、以经营"葱烧海参"为代表的高档鲁菜的丰泽园饭店和经营"京派"特色川菜的四川饭店。整合并汇集了多家老字号优势的全聚德现已形成拥有80余家全聚德品牌成员企业，年销售烤鸭500余万只，接待宾客500多万人次，品牌价值近110亿元的餐饮集团。

值得注意的是，全聚德在150多年的发展过程中，企业的性质发生了重大改变。全聚德烤鸭店最早是由杨全仁所开的微型民营企业，新中国成立初期改立为公私合营企业；1993年全聚德改制后，成为独立核算的"全民所有制，多种经济成分并存"股份制企业，从一个纯国有企业向产权多元化转变。

因此，作为一个有悠久历史的"老字号"，全聚德在上市后，面临更大的业绩压力的同时，要保证自己的服务和口碑，就必须要进行创新，包括经营理念创新、体制创新、经营创新、产品创新、技术创新、管理创新、服务创新，本文从人力资源管理的角度探讨全聚德在百年发展史上是如何聚拢人心共渡难关，又有何种独特的用人之道。同时，本文从全聚德用人制度的历史沿革和发展趋势视角为老字号餐饮行业提供有益建议。

第三节 不同时期全聚德用人文化的历史流变与传承发展

用人文化是企业潜在的用人、育人标准，也是企业用人制度贯穿始终的基本原则，通过企业的用人制度得以体现，全聚德在不同阶段的用人制度有所不同，所体现的用人文化也略有差异，具体来讲：

一、第一阶段：品牌打造期的"诚信文化"（1864—1949）

全聚德早期如所有的街边商贩一样，经历漫长的发展过程。第一任老板杨全仁在1864年把"聚德全"干果店盘下。店铺在用人上面临两个重大问题：一是店铺规模小，难以招揽优质人才；二是服务业的人员流动性极高。因此，在此阶段，全聚德选取管理人员的核心标准是诚信、不贪财。所有的员工都要经过一定程度的"素质"考核。根据员工素质理论，员工不仅应该有核心专长，还要具有动机、个性、品质、自我形象等个人素质，才能使企业基于战略指导来招揽人才。这也是全聚德当前人才理念"百年基业，以人为本；德才兼备，以德为先"的重要开端。

全聚德从第二代掌门人开始就有了"职业经理人"，这是老字号餐饮业中极少看到的，这为全聚德在起步初期就注入"现代企业基因"。在此阶段，全聚德实行店长负责制，类似于现在的"海底捞"，相应的薪酬制定、人员招募与培训全部由店长负责。由于时代的特殊性，当时的学徒还要通过特殊的"抬大桶"体能考核，即把300多斤的大木桶抬到珠市口的一个排水沟去倒掉。

【案例】"鸭票"背后的"职业经理人"管理模式

民国初年，全聚德第二代老板杨庆茂请来了精明强干的李子明，并于1930年全权交给李子明打理。不久，讨债的纷纷找上门。当时全聚德的资金捉襟见肘，情急之下，精明的李子明想出两全其美的方法——发行鸭票冲抵债务。很快，用红色宣纸印制、写着"全聚德老炉铺鸭票"的鸭票就风靡北京城。由于经营有方，三年后，全聚德不仅还清了全部债务，还吸引了别人的资金，加快了资金周转。

资料来源：根据《细看全聚德》（2013）重新整理得到。

二、第二阶段：店铺发展期的"平等文化"（1952—1992）

从新中国成立到"文革"前，政府对老字号的态度是相当积极的，政府出面组织和挽救了一些濒临破产的老字号企业，通过公私合营等方式对一大批老字号企业进行扶持，大量的传统技艺和文化传统得以保全。但是，"文革"过程中和改革开放初期，老字号的企业定位和技艺传承出现问题，大量老字号企业发展停滞不前。

新中国成立后，全聚德转为公私合营企业。在此阶段，全聚德的用人文化继承了"诚信文化"的特征，并体现出一定程度的平等性，从1954年开始，全聚德就开始接收和培养女片鸭师和女服务员。在此阶段，培训制度是围绕"关键员工"展开的，即各个分店的厨师群体和炉具操作员。培养的方式主要是由各位厨师到各个分店去进行专职培训。

【案例】用"诚信"考察徒弟

1954年，年仅16岁的吴桐官来到全聚德，并被分到柜台上，跟着掌柜杨福来学习业务管理。有一次，打烊前，杨福来趁着吴桐官不注意，故意往地上扔一毛钱，看他扫地时是否会主动上交。结果，吴桐官扫地时果然把钱主动上缴。经过几次类似的观察后，杨福来觉得他不贪财并且信得过，就放心地把业务交给他来打理。

资料来源：根据《媒体话说全聚德》（2012）重新整理得到。

【案例】第一位女服务员背后的故事

在旧社会里，餐馆服务员都是男性，全聚德于1954年5月，破天荒地招聘了第一位女服务员——赵玉卿，在当时引起了不小的轰动。20世纪50年代，赵玉卿的母亲在公安总队一位领导家里做保姆，母亲就托这位领导帮忙给介绍工作。后来，这位领导把赵玉卿介绍到全聚德，母亲一听就不同意了，女孩儿怎么能干服务员呢？赵玉卿到全聚德报到时，饭庄里男师傅们都觉得新鲜。后来，赵玉卿被调到西号上班，做了张永芳老师傅的学徒。60年代，周恩来总理在钓鱼台国宾馆宴请柬埔寨西哈努克亲王，赵玉卿还临时为客人片鸭子，得到了一致好评。

资料来源：根据《媒体话说全聚德》（2012）重新整理得到。

三、第三阶段:集团发展期的"竞争文化"(1993—2007)

全聚德在明确企业集约化、规模化经营的发展路线后,先后提出了以实现企业快速复制的连锁经营模式和依靠资本力量重组的股份制改造两大战略。对应的,全聚德在集团化发展初期的人力资源战略是清晰明确的,充分利用了企业的性质和政策优势。由于全聚德当时是典型的国有企业,企业的转职既涉及归口管理的问题,也涉及领导岗位的级别问题,这就为全聚德的集团化道路增添了一层阴云。最终的解决方案为"全聚德在干部配备上按正局级配备,总经理、党委书记正局级,副总经理都是副局级",这为全聚德留下和引进优秀管理层人员提供了行政级别优势。当时,全聚德能够从北京市财贸管理干部学院、中国百货纺织品公司、中国百货商业协会行业工作部等部门吸引优秀人才,级别优势功不可没。

同时,在领导强烈争取下,职工享受了"合资企业的待遇"[①],这为全聚德走向餐饮集团航母奠定了坚实的基层人员优势,此项改革也为后来的员工持股计划奠定了信任基础。全聚德在1994年的集团筹备期,集团深刻认识到整个公司里的人员都应该享有公司的治理权,允许职工自愿入股。但是直到2002年国有股减持后,企业才大量增加员工持股比重。在此阶段,全聚德充分向日本等国家的合资企业进行学习,进行了全面的人事制度、薪酬制度和培训制度改革。

(一)"竞争化、公开化"的人事制度改革

老字号企业发展到现在,其最大的价值就在于品牌文化,老字号本身就是巨大的无形资产。但是由于老字号多是家族企业或者内部继承企业,企业经营思想陈旧,企业要发展,就必须树立新的经营理念。因此,此阶段全聚德人事制度的最大变化是增加有上有下的竞争机制,增强管理层的竞争压力。其一,管理人员公开选拔,增强管理人员的流动性。全聚德和平门总店厨师长陈守斌提拔为集团总厨师长,享受副总经理待遇(副局级);和平门店二层厨师长杨学智调到王府井烤鸭店,任副总经理和厨师长,更有部分服务员等工作岗位员工通过竞聘走上管理岗位。其二,管理人员坚持通过竞聘上岗,实行"双向选择、任期聘任、业绩考核、能上能下"的干部任用制度。根据当时的规定,所有的管理人员的聘任期为3年,3

---

① 北商商业研究院. 嬗变之路:全聚德集团改革发展纪实[M]. 人民日报出版社,2014:31.

年内考核经营指标,如果3年之后不再续聘,则自动离职。

同时,企业改制为全员劳动合同制,制定了"企业用工自主,员工进出自由,择优考核录用,双向动态签约"的新型劳动用工制度。对于基层员工,全聚德为避免员工思想陈旧、近亲繁殖等问题,逐渐向社会公开招聘。比如,1995年全聚德王府井店重装开业时,就首次面向社会公开招聘,从346名应聘者中择优录取了105人。

【案例】"全聚德之最"评选活动

1995年,全聚德开展了"全聚德之最"评选活动,活动包括集体项目和个人项目。集团项目主要有"经营管理最好的企业""精神文明建设最好的企业"等29项;个人项目包括"最佳高级管理人员""最佳全能厨师""最佳服务员"等17项。通过开展评选活动,很大程度上改进竞争机制,强化全面管理,使敬业精神和职业道德凝聚到全聚德事业发展中。

资料来源:根据《媒体话说全聚德》(2012)重新整理得到。

(二)"分工倾斜"的薪酬保障机制改革

全聚德薪酬改革的背后是国有企业薪酬改革的共同难题,即企业只能按照固定的级别工资制,而不享有自主调控的权力。全聚德集团成立后,作为现代企业制度试点企业,按照规定只要工资的增幅低于利润的增幅,则可以突破原有工资总额的限制,进行自主调控,这是全聚德第一次取得薪酬改革的主动权。

全聚德实行"三工并存、年度考核、岗位浮动、薪随岗变"的岗位薪酬制度。薪酬向关键岗位倾斜,设立管理、技术和员工三个工资系列,在同一工资系列内划分4—5个不同等级,拉开分配档次。同时,对企业高级管理人员和高级技术人员执行年薪制度,要求年薪和绩效考核挂钩,这在当时的环境下还比较少见,极大地调动了管理层和核心员工的积极性。

在保障核心员工的薪酬激励制度的同时,在集团成立后,基层员工的收入也大幅上涨。集团把改善基层员工薪酬结构的着力点放在保障制度上。全聚德与所有员工签订了劳动合同,企业与职工代表就劳动报酬、工作时间、休息休假、劳动安全、卫生保健、保险福利等事项进行平等协商,签订的集体合同对员工利益给予了更充分的保护。全聚德为增强企业基层员工的凝聚力,新增集团内部补充保险制度，包括职工团体意外保险、职工安康保险、女工安康互助保险、补充医疗保险、年金制等一系列兜底政策。

（三）"全面化、统一化"的培训制度改革

培训制度是统一制度规则和企业文化的重要手段，对全聚德这样企业文化整合难度极大的企业，进行全面的培训制度改革尤为重要。研究表明，老字号企业存在着员工素质较低、服务态度差的现象。[1] 全聚德的领导层来自于政府部门、高校和不同的分店，企业员工更是归口于"旅游口儿""餐饮服务口儿""轻工口儿"等部门。因此，建立统一的培训制度是改造企业文化的第一步。

在此阶段，全聚德的培训制度可以总结为"全面培训，新老结合"。首先，企业建立全面的培训制度和培训体系。企业建立全聚德培训中心、全聚德餐饮管理学院等，组建培训师队伍，并规定员工必须接受岗前培训，建立基本的员工形象；编辑集团培训手册，对各岗位、各工作流程都有具体的规范要求，使员工的岗位技能和综合素质得到明显提升；其次，企业把强化培训学习作为改善管理层能力和企业员工素质的重要手段。其一，对于企业管理层，企业定期会请国务院政策研究室专家、政府高官、大学教授来全聚德授课，并鼓励管理层到大学进修研究生课程；其二，全聚德开展校企合作，输送企业基层员工到高校和中等技术学校进行培训；最后，全聚德作为传统的老字号餐饮企业，涉及传统工艺的操作手法问题，而大规模的培训难以实现。因此，全聚德保留了传统的培训模式，即师徒制模式。为鼓励中青年师傅带徒弟，师傅每个月可以获得300元补贴[2]。

四、第四阶段：上市转型期的"法治文化"（2007— ）

根据战略人力资源管理理论，企业的人力资源并非孤立地存在，而是既在企业战略层面上进行人力资源的改进，同时，也从人力资源上推动公司战略的实现。文跃然（2003）基于GREP模型的研究指出，企业的竞争力主要来自企业的治理结构、企业的资源、企业家、企业的产品与服务四个方面（图8-3）。因此，上市后的全聚德的人力资源管理制度分析应侧重于从战略层面进行分析。

全聚德在2007年在深交所挂牌上市后，在公司发展战略上有两个重大转变：第

---

[1] 王成荣，李诚，王玉军.老字号品牌价值[M].中国经济出版社，2012：182.
[2] 北商商业研究院.嬗变之路：全聚德集团改革发展纪实[M].人民日报出版社，2014：55.

一个转变是立足深耕北京市场，积极拓展全国市场。根据公司年报，截至2015年12月31日，全聚德在全国20个省自治区直辖市共有成员企业102家（门店），其中直营企业31家（全聚德品牌直营店27家、仿膳品牌直营店1家，丰泽园品牌直营店2家，四川饭店品牌直营店1家）；特许加盟店71家，如果将海外全聚德品牌特许加盟店5家（缅甸、日本2家、澳大利亚、中国香港）计算在内，公司现有已开业的成员企业107家（门店）。第二个转变是坚持发展高端品牌，拓展"餐饮+食品"一体化发展路径。随着"八项规定"等国家行政政策的出台，小南国等大多数高端餐饮谋求"亲民化"转型，全聚德则坚持发展高端品牌，聚焦"宴请"市场。同时，通过拓展企业的"食品"领域推动企业的多样化经营模式，加大新菜品和新产品的研发力度，推进"店铺小型化"策略，通过电子商务推动全聚德向校园等领域的深耕。

2007年上市以来，全聚德业绩连续六年一路高歌猛进，每年净利润都保持两位数的同比增速。但作为中高端老字号餐饮品牌的杰出代表，全聚德的发展受宏观政策影响冲击是巨大的。2012年以来，我国高端餐饮市场受到了国家行政政策和社会消费理念的巨大冲击。从图8-4可以看出，2013年，全聚德公司的业绩急转直下，净利润出现上市以来的首次下滑。然而，全聚德的业绩下滑并非个案，根据中国烹饪协会的报告，2013年餐饮企业收入增速全面继续下滑，创21年来的增幅最低值，比上年同期下降了4.6个百分点，降幅进一步扩大。

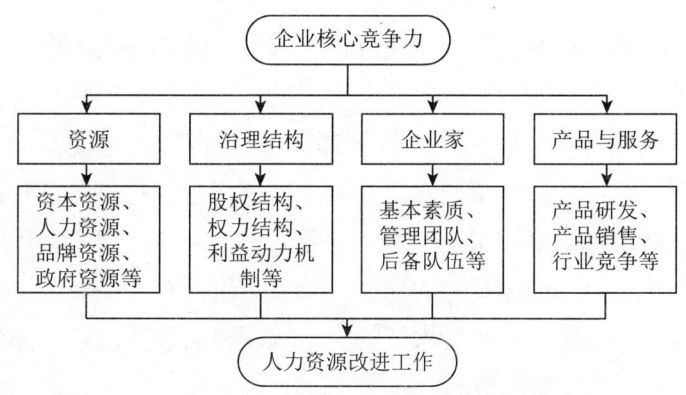

图8-3　企业核心竞争力与人力资源改进工作

资源来源：根据文跃然（2003）整理得到。

企业要发展，就必须抛弃人治，走向规范化的治理道路。因为随着企业规模的扩大，没有任何领导有能力事无巨细地处理企业的各项事务，进行规范化分工，建立可上可下的人员奖罚机制，才能为企业留住合适的人才。面对越来越激烈的市场经济竞争，人力资源的竞争至关重要。全聚德集团通过建立健全法人治理结构，引进专业人力资源管理的团队，采用规范科学的人力资源管理手段，以形成企业的核心竞争力之一，以强有力的人力资源保证企业的持续发展。

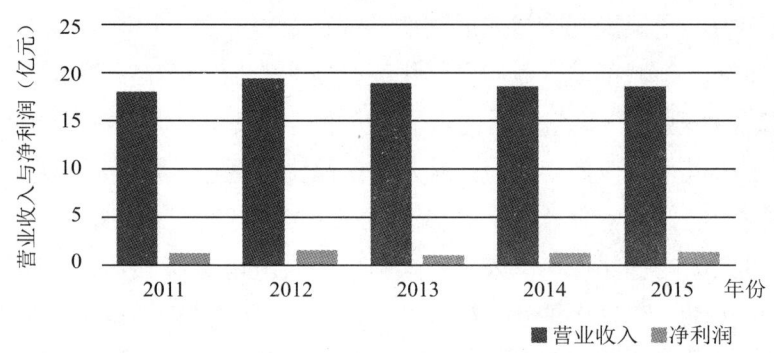

图8-4　2011—2015年的营业收入与净利润（单位：亿元）

资料来源：全聚德公司年度报告（2011—2015）

（一）"订单式"为主的人员招聘

"订单式"招聘是指学校与公司通过校企双方共同签订人才培养计划，通过整合学校的教学优势和企业的实践场所，定向接纳人才的招聘形式，这种招聘模式是全聚德集团近年来的主要招聘模式，每年都有100名实习生通过顶岗实习充实到集团公司各个部门。近年来，全聚德的"订单式"招聘主要是与北京联合大学旅游学院进行合作，由其为全聚德集团定向培养专业人才。各分店则会采用网络招聘、社会招聘等手段充实人员。根据我们的访谈，随着全聚德在菜品数量、店面规模、提成结构等方面做出的调整，未来全聚德的用人规模将会有所缩减，部分店面将取消经理职位或者一人身兼数职的情况。

值得注意的是，全聚德结合当前的"灵活用工"趋势，面对服务人员流动性强的问题，全聚德根据经营情况和岗位需求，建立非全日制用工，在保证小时工资、考核标准的基础上，建立相对灵活的"小时工"用工制度，完善企业的用工结构，这是老字号企业当中比较少见的顺应时代的大胆革新。

（二）"规章化"的薪酬制度

全聚德在公司上市后，在薪酬水平上并没有显著提升。根据我们的调研，全聚德的平均年薪为7万元左右，在整个北京市餐饮服务行业里处于中下等水平。如果剔除掉管理层的样本，全聚德的薪酬水平在北京市餐饮服务业中竞争力降低。从薪酬制度来看，全聚德在现阶段仍然实行"三工分立"的薪酬制度和"大店小集团"的模式。其中，大店的店长、书记和厨师长实行年薪制，其他的员工实行基薪制。底层服务员的工资4000元左右，其中，由2000元左右的岗位工资、1000多元的绩效工资、酒水提成和年终奖构成，总的薪资水平在餐饮服务行业里并不算高。[①]横向对比，从2007年到现在，岗位工资也是仅从1700多元涨到2200元左右，涨幅并不大。

根据调研，相对于公司上市前，现阶段全聚德则更加重视薪酬制度的规章化，公司制定了详细的《经营者绩效考核及薪酬管理办法》《全聚德集团公司员工薪酬管理办法》《分店员工薪酬管理办法》。同时，虽然全聚德的薪酬水平不高，但是其社会保障做得非常规范，公司为员工缴纳12%的社保和5%的企业年金。社保中47%是由公司负担，这在北京市餐饮业当中相对规范。

（三）"定期化、制度化"的员工培训

全聚德旗下的北京全聚德集团培训中心和全聚德集团职业技能培训学校两家子公司专门负责公司的培训业务。当前，全聚德逐渐认识到"师带徒"制度的重要性，2012年年底开始，逐渐完善"师带徒"的相关制度规范，学习"同仁堂"的管理制度，每年抽调100名高级人才，为企业培养经国家认证的技艺传承人，对服务和烹饪人员展开3年一期的专门培训。2016年，全聚德集团人力资源部制定了详尽的《培训手册》，分别对新员工、主管领班、行政管理人员、财务管理人员、餐厅服务岗位员工、厨房厨师岗位员工、人力资源管理人员、公关营销部岗位员工等不同类型的员工制定相应的岗位招聘和绩效考核等要求，并对员工技术等级晋升等制定量化的行为标准[②]。

---

① 数据根据现场访谈所得。
② 资料根据调研整理所得。

(四)传承发展与历史流变:"外圆内方"的混合型用人文化

企业在用人过程中面临的问题有极大的相似性,但也因行业的不同呈现出差异性,特别是在现代管理理论成型之前,用工的调整极大。在企业自身量级的扩张和外界环境的变动中,全聚德的用人文化做出非常大的调整,其基本发展是从小型店商向成熟公司的转变,但与普通上市公司不同的是,作为老字号企业,全聚德保持了自身用人文化当中的"人治"部分。从图8-5可以看出,全聚德在其前两个发展阶段,重视在企业中培育"诚信和平等"的用人文化氛围,增强员工的自主性和灵活性,减少企业的层级制和官僚化,在管理层任用中也偏重于员工的诚信、上进等主观评价机制。在后两个发展阶段,全聚德在整合资源过程中重视规范化和统一化,制定行为准则和用工制度,通过现代化的人力资源管理制度培养企业的竞争文化和法治文化,逐渐向现代化企业靠拢。

随着企业核心员工的流失,全聚德对于其用人制度作了一定调整,在结合现代人力资源管理制度的基础上,对待核心员工的管理方式有所转变。因此,我们可以发现当前全聚德用人文化的核心是"外圆内方"的混合型用人文化。在"内核"即管理人员和核心厨师管理上,仍然以柔性管理为主,给管理人员和高级厨师大量的自主权和晋升渠道。在"外围"即服务人员和基层厨师人员的管理上,则基本完成了现代企业人力资源管理制度的整合,在规章制度的制定、薪酬管理制度等方面,能够实现有章可循。这种"人治"与"法治"相结合的用人文化给企业带来了一定转机,也为老字号餐饮企业提供了有益借鉴。

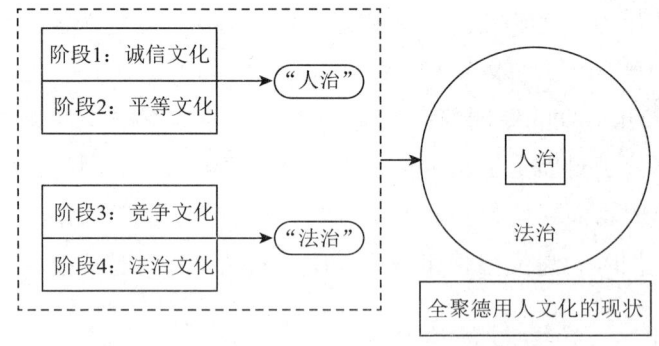

图8-5 全聚德用人文化的历史流变与现状

第四节 对策建议

人才是技术的载体，尤其是在现代技术日新月异的时代，技术的变革与时代的需求必须依靠一大批人才的创新实现。"老字号"经过几百年的风霜洗礼，产品知名度并不一定会转化为现代市场意义上的品牌价值。老字号在某种程度上与"夕阳产业"画等号，对于年轻人群缺乏足够的吸引力。老字号企业在面对业绩压力时往往把"创新"作为企业的关键指标，以企业核心产品为起点做延伸产品，而忽略对人力资源的重视。老字号企业缺乏人才，尤其是高层次的人才。企业中大专以上学历的员工往往不足三分之一。对比全聚德的数据来看（表8-2），全聚德专科以上学历的员工占比不足25%，远低于老字号企业的平均水平，不利于企业的管理创新、战略创新等。

总体来看，我国餐饮企业保持着良好的发展态势，但是从业人员综合素质较低、人员衔接不足的问题没有得到改善。消费者需要优质服务和经营者管理服务能力不足的矛盾越发严重。高素质的餐饮管理人才的短缺正在成为该集团扩张转型"新型综合餐饮产业集团"过程中的重大隐患。从全聚德的战略规划来看，未来公司的发展将呈现"集中化、年轻化"的改革趋势，通过加强大中城市的战略布局，进一步拓展商场小店铺模式，开拓商业综合体渠道，吸引更多年轻消费者。因此，在人才储备上需要更多了解商场经营模式、熟悉年轻消费者需求的专业技术人才和服务人员。品牌个性往往是消费者行为的"外显"（Holt，1995），消费者通过选择品牌表达自己的个性。老字号的金字招牌是企业"外吸引力"的重要来源，但同时，老字号的品牌价值中天然包含着"内约束力"，制约着企业不能完全抛弃传统领域，进入到一个全新领域，而是依托品牌的基本价值，进行适当的拓展。这种品牌价值矛盾是所有老字号企业管理层都会面临的战略选择难题，尤其是在企业转型和扩张中，传统管理者和"空降兵"之间的矛盾容易激化。

表8-2　全聚德员工教育程度构成

年份	中专及以下	专科	本科	研究生	合计
2011	4505	632	502	70	5709
2012	4622	664	532	75	5893
2013	4698	666	547	81	5992
2014	4152	575	518	91	5336
2015	3570	496	526	94	4686

资料来源：《全聚德年度报告（2011—2015）》

以往针对北京餐饮的研究，多讨论京味菜肴本身的制作工艺、烹饪方法、服务技巧或用餐礼仪等方面如何诠释京味文化，却忽略了老字号餐饮企业之所以延续至今，其内部人员配置与管理方法在历史发展过程中如何与时俱进，既保守了老字号的商业秘密，又薪火相传，长期维持着稳定的菜肴质量，同时又顺应潮流，发展至今，在稳定中求发展，在发展中保持稳定的特殊的"用人文化"问题。本课题在综合多种方法进行研究后，提出政策分析框架，帮助分析北京老字号餐饮企业的用工问题，并基于"最佳用工实践"，给予相应的解决对策和建议，促进创建新时期下良好的用工行为，助力老字号餐饮企业的发展，实现其基业长青，传承北京的区域文化。具体来讲：

（一）加强老字号品牌黏性，增强用人文化的品牌依附

对于任何老字号企业来说，吸引员工的核心要素都是企业的品牌价值。对于全聚德这样驰名中外的餐饮企业来说，企业的品牌吸引力尤为重要。通过大量的调研发现，全聚德集团的薪酬结构和薪酬标准与大型现代企业比较都没有竞争优势，但是还是有很多管理人员和技术人员主动加入到集团中，其中最重要的原因就是看中全聚德的品牌价值。因此，全聚德要提升自身的用人文化，就必须加强老字号品牌黏性，通过强化品牌价值，提升用人文化的核心价值和忠诚度。

为了提高企业竞争力，全聚德等老字号餐饮企业不断地在加强品牌延伸，提升品牌信任，降低购买风险。应当注意的是，企业应增加品牌的文化属性，避免品牌延伸带来的"稀释效应"。领域精专且声望较高的老字号品牌近延伸的效果往往好

于远延伸（陶骏、李善文，2012），通过提高文化契合度，降低老字号延伸过程中子品牌与母品牌的冲突，在人力资源管理中注重强调母品牌的价值，增强对母品牌的品牌依附。

（二）强化企业的异质性，增强企业的"联盟"精神

老字号企业作为中国传统国有企业的一种特殊形式，其存在和发展过程中，都经历了大量的生存考验。在企业从传统架构走向现代化治理的过程中，企业面临着大量现代企业制度的冲击。应该清醒地认识到，老字号企业相较于国有企业、私营企业和外资企业的竞争优势就在于企业独特的"民族文化承载力"。因此，老字号企业应该不断强化自身的"异质性"，通过强调企业的文化价值，增强企业在餐饮市场的独特定位。在企业的用工文化中，不断通过强化人文关怀，增加企业员工，尤其是技术性员工的归属感和技能性。一方面深化技术人员的员工技能和员工培训，通过系统化的教学培训和"师带徒"制度提升技术人员的专业技能；另一方面则要转变企业的留任制度，建立企业的"联盟精神"。对于全聚德之类的餐饮企业，技术人员离职是不可避免的，因此，很大的老字号餐饮企业往往不愿意"倾囊相授"，把自己的核心技术传给徒弟。这对于老字号企业的技术保护和产品创新伤害很大。因此，作为有较大的市场空间的全聚德应该转变人才留任的动机和机制，把技术人才当作"合作者"，以一种合作共赢的态度迎接可能发生的人才流失，加强人才流失后的战略合作，建立"开放共享"的用人文化。

（三）把员工素质放在用人文化的首位，提升员工的服务精神

老字号企业的多样化经营趋势强劲，是企业面对外部冲击的主要转变。随着全聚德等老字号餐饮企业逐渐走向平民化、年轻化消费者群体，消费者对于服务质量的要求会进一步提高。从2011年到2015年，全聚德的人员结构并没有改善，专科以上员工占比一再缩减[1]，与企业的扩张态势极不相称，企业对于将要面对的高质量服务准备不足。同时，老字号作为一个负载浓厚地域文化的区域产业品牌，在走向全国甚至全世界过程中将面临巨大的文化冲突。提升员工素质，发挥员工的创新服务精神，将是企业在扩张过程中的要点。

---

[1] 数据来源：《全聚德年度报告（2011—2015）》。

（四）加强灵活用工模式，建立完善的非全日制用工制度

兼职和临时雇员是当前劳动力市场新生的用工模式，企业组织需要更好地利用和整合外部雇员力量提升组织效率和盈利率，需要通过灵活用工的方式引入外部技能更高的员工。对于全聚德这样的老字号餐饮企业来说，解决人员流失问题除了要加强企业的薪酬竞争力，更要适应互联网时代的用工特征，建立完善的非全日制用工制度。目前，全聚德已经有了初步的灵活用工标准，今后要进一步加强非全日制用工的全面招聘计划、合理的薪酬结构、完善的组织架构对接等措施，把非全日制用工制度作为解决"人员流失"的合理对策，深入挖掘社会潜在的用工供给，并合理地嵌入到企业的用人文化中。

附 录

附录1　相关研究文献梳理一览表

附表1　国外学者对工作生活质量维度的划分

学者	年份	工作生活质量的构成
Kahn	1972	缺勤率、离职率；薪酬；工作内容；工作环境；同事关系；晋升渠道；绩效
Seashore	1974	个人进步与发展；工作压力；尊荣感；归属感；工作对社交的影响
Walton	1975	薪酬；工作环境；员工培训；发展与保障；健全的个人生活；社会化组织
Warr	1979	工作参与、内在激励、工作特征、工作满意度、生活满意度、幸福感、焦虑
Stein	1983	自主性；工作结果的认同；归属；自我发展；报酬
Levine & Mark	1983	工作反馈；薪酬福利；个人发展；工会；工作对家庭的影响
Kalra & Ghosh	1984	足够的报酬；工作参与；晋升；员工主管关系；同事关系；工作参与；工作保障；工会；组织中的地位感；工作环境；过度的工作压力、员工心理状态
Shamir & Boas	1985	工作关系特征；社会关系；同事关系；权利、身份与公平；工作整体性；与工作有关的压力
Marks，Mitchell Lee	1986	工作挑战性；工作反馈度；个人发展；参与决策；组织氛围与人际关系
Nachmias	1988	督导；同事关系；工作本身；经济利益
Cascio	1998	公平的薪酬；工作保障；安全的工作环境；员工福利；沟通；个人发展；冲突解决；员工参与；自尊

续表

学者	年份	工作生活质量的构成
Margot Van Der	1999	工作自主性；决策自主；任务控制；工作和时间压力；角色模糊；体力消耗；工作危险性；工作不安全感；工作价值匮乏；主管支持；同事支持；工作满意度
Efraty & Sirgy	2001	生存需求；社会需求；自我需求；自我实现需求
Ellis & Pomli	2002	工作环境；工作量；工作生活平衡；决策参与；职业隔离；工作认可度；上下级关系；同事关系；学习机会；冲突
G. Nasi Saraji	2006	公平与自治；工作安全；薪酬；个人发展；决策参与；信任；工作认可度；职业健康与安全标准；工作家庭平衡；工作量；工作压力
Radam Che Rose	2006	职业满意度；职业成就；工作家庭平衡
Van Laar D	2007	工作满意度、掌控工作能力、幸福感、工作家庭冲突、工作环境
Darren Van laar	2007	工作满意度、总体幸福感、工作家庭分界、工作压力、工作自主性、工作条件
Seyed Mehdi Hosseini Gholamreza	2010	公平的薪酬福利；工作安全与健康；个人发展；工作家庭平衡；雇主的社会接受度

附表2 国内学者对工作生活质量维度的划分

学者	年份	工作生活质量维度构成
林静黛（台）	1987	上司态度；公司制度；工作内容；福利；人际关系；工作环境；个人发展；工作与家庭关系
黄文贤（台）	1991	薪酬与福利；人际关系；工作保障；工作场所；公平对待；工作自主性；升迁；工作变化性；自尊；成长；参与决策
洪荣昭（台）	1993	内在领域：收入与消费的平衡、工作条件、休闲生活
吴晓刚	1993	工作报酬；工作条件；同事关系；工作兴趣；上下级关系；晋升机会；劳动保护；工作紧张程度；技术培训
李彦延（台）	1996	薪酬福利；工作安全与保障；工作对家庭生活的影响；工作特征；训练与成长机会；晋升；员工参与组织沟通；同事关系；自尊
潘士铭（台）	1998	工作成长；薪酬；人际互动；生活保障；参与管理；环境支持
赖学仕（台）	2001	组织认同；薪酬福利；人际关系；督导；工作内容；个人成长；学习机会

续表

学者	年份	工作生活质量维度构成
张成福、党秀云	2001	工作环境和工作安排；员工参与；人际关系；薪酬福利；个人自我实现和潜能发挥
于静	2002	工作满意度；自我效能；团队意识
贾海薇	2003	生存需要；情感需要；归属需要；自我实现需要
惠青山、何花	2005	公平报酬；舒适环境；工作本身的意义；就业机会；人际关系；个人职业发展
廖堂辉（台）	2005	个人层面：自尊、成长；工作层面：上司态度、工作环境、工作内容；组织层面：升迁公平、薪酬福利、人际关系、参与决策
刘海玲	2006	生活保障；工作特性；升迁；薪酬；工作成长；人际关系；工作与家庭平衡；尊重
刘庆、冯兰	2006	薪酬；发展前景；职业声望的自我评价；自我才能的实现；薪酬福利保障
黄维德、曾飞	2008	薪酬；人际关系；工作特征；法定福利；自尊；工作家庭平衡
李双喜	2008	自尊；生活保障；自我成长；工作家庭平衡；工作报酬；工作自主性；工作环境；工作变化；升迁；人际关系；公平性；参与决策
陈珊	2009	组织氛围；社会影响；薪酬福利；晋升；工作特征；尊重与认可；工作家庭平衡
谭建平	2009	工作任务；组织环境；社会心理
王缙	2009	尊重与成长；组织氛围；工作条件；工作家庭平衡；工作内容
孙泽厚	2009	自尊；生活保障；自我成长；工作家庭冲突；工作报酬；工作自主性；工作环境；工作变化；升迁；人际关系；公平对待；参与决策
卿涛	2010	个人维度：社会保障、自我成长、自尊、工作与家庭冲突等；工作维度：工作特征、工作报酬、工作环境；组织维度：人际关系、公平对待、晋升、参与决策
陈建武、张向前	2012	个人层面：自尊、资源发展、工作生活平衡；工作层面：工作自主性、工作报酬、工作环境等；组织层面：晋升、参与管理、人际关系和组织文化等
李亚文	2012	工作安全感、工作量、职业认可、主管支持、患者关心
饶惠霞	2013	工作任务；组织环境；社会与心理

附表3 工作生活质量相关研究文献中涉及的前置变量和结果变量

前置变量	个人因素	性别、年龄、受教育程度、婚姻状况、职位、所处行业、职业生涯、管理制度、团队、工作家庭冲突、负面情感、心理资本、自我效能	结果变量	工作满意度 组织承诺 工作参与 动机 组织生产率 健康、安全和幸福感 组织认同 个人绩效 组织绩效 整体幸福感 人际疏离感 离职倾向 缺勤率 离职率
	工作因素	工作内容、工作量、工作环境、工作自主性、工作挑战性、工作稳定性、工作压力、专业相关性		
	组织因素	组织氛围、权利和公平、薪酬福利、奖惩制度、变革型领导、人力资源管理实践、沟通、企业文化		

附表4 组织公民行为结构维度相关研究文献汇总

学者	年份	组织公民行为（OCBs）维度
Katz	1964	自我发展；维护组织
Smith，Organ & Near	1983	利他主义；服从
Organ	1988	利他主义；尽职行为；谦恭有礼；运动员精神；公民美德
Graham	1989	组织忠诚
Graham	1991	组织服从；组织忠诚；组织参与
Williams，Anderson	1991	OCB-I（个人导向）；OCB-O（组织导向）
Morrison	1996	利他主义；尽职行为；运动员精神；参与；跟上变化
Van Scotter & Motowidle	1996	人际间便利；奉献精神
Van Dyne & Ang	1998	社会性参与；功能性参与；拥护性参与；组织忠诚；组织服从
林淑姬（台）	1992	认同组织；协助同事；公私分明；不生事争利；敬业守法；自我充实
Farh，Zhong & Organ	1997	积极主动；帮助同事；建言；参与群体活动；提升组织形象；自我培训；保护或节约公司资源；保持工作场地清洁；社会福利方面的参与；人际和谐
许道然	2001	敬业；乐群；守分；忠诚；参与；热心

附表5 相关文献关于组织承诺概念定义分类

类别	定义	作者及年代
情感导向	个人对组织的情感付著	Kanter（1968）
	个人的身份、特征与所在组织联系所带来的个人对组织的态度	Sheldon（1971）
	组织目标与个人目标逐渐趋于一致的过程	Hall（1970）
	个人对组织目标与价值观的认同，以及对组织的情感体验	Buchann（1974）
	一个个体认同和投入一个特定组织的总强度	Mowday（1982）
成本导向	继续留在组织的利益和离开组织的"成本"	Kanter（1968）
	随着员工对组织单边投入的累加，员工产生的如离开该组织会受到损失，而不得不继续留任的一种心理现象	Becker（1960）
	个人与组织间权衡各方的投入后达成的交易的一种结构性现象	Hrebiniak（1972）
义务或道德责任	社会所接受的，超越了正式的、规范的承诺客体的期待	Weiner（1977）
	内化的行为规范产生的压力，促使员工行为符合组织目标，满足组织利益	Weiner（1982）
	不考虑个人晋升等其他因素，个体出于责任和义务应该留在组织的承诺	Marsh（1977）

附表6 组织承诺（OC）、工作参与（JI）、组织公民行为（OCB）、敬业度（WE）辨析

维度	组织承诺	工作参与	组织公民行为	敬业度
范围	内在角色	内在角色	外在角色	内在外在角色
行为的来源	角色认同/内化	工作认同	资源，无特定的	意向/动机的
人格类型	团队精神	关心和理解	对他人的尊重，责任感	乐观/积极主动
基本导向	社会遵从/合作	规范遵从和参与	规范的遵从和参与	主动、进取
目标	部门/组织	部门/组织	个人/团队/部门	组织
情境的兼容	无限	知识、技能和经验	个人/团队相互依赖	无限
组织内的传播	低度	中度	中度	高度
指导原理	组织心理学	组织心理学	管理学、政治学	社会行为科学

资料来源：Schohat & Vigoda-Gadot, 2010

附表7 员工敬业度的定义、结构维度及问卷列表

学者	年份	定义	结构维度	问卷名称
Kahn	1990	敬业度是组织成员在创造工作绩效的情境中，将自我投入到工作角色相结合，同时投入个人的情感、认知和体力的程度。	(1) 生理（physical）：指员工在执行工作任务时能够保持体能与精力的充沛。 (2) 认知（cognitive）：指员工明确自己工作的使命和职业角色，而且在工作中始终保持头脑灵活，思路清晰。 (3) 情感（emotional）：指员工在工作中能积极与他人进行情感交流，并且善于感受他人情绪。	—
Maslach & Leiter	1997	敬业度和倦怠是同一连续体的正负两极。是一种感觉充满精力，并能有效地进入工作状态并与他人和谐相处的状态。	(1) 精力充沛（energy）； (2) 投入（involvement）； (3) 效能（efficacy）。	Maslach MBI量表22项
Britt	2001	员工对于自己工作的强烈使命感和承诺意愿，并把自身责任感与工作绩效联系起来。	(1) 责任感（Perceived Responsibility）； (2) 承诺（Commitment）； (3) 绩效影响知觉（Perceived Influence of Job Performance）。	敬业度测量量表6项
Rothbard	2001	员工敬业度代表员工在心理上对组织的投入程度。	(1) 关注：员工认知的有效性以及投入角色花费的精力与时间； (2) 全部投入：员工全身心都投入到工作角色中。	—
Schaufeli, Salanova, Gonzalez-Roma, and Bakker	2002	敬业度是与工作倦怠相关的清晰概念，它是积极的、令人满足的、与工作有关的心理状态，具有活力、奉献和专注的特点，是一种持久稳固并普遍深入的认知和情感体验，不聚焦于特定的个体、行为或事件。	(1) 活力（vigor）：愿意为工作奉献精力，工作中始终保持饱满的精神状态，即使遇到困难也愿意坚持； (2) 奉献（dedication）：员工对自己的工作感到骄傲和满足，并勇于面对挑战； (3) 专注（absorption）：员工在工作过程中完全沉浸于工作中，与工作很难分离，感觉时间过得很快。	UWES量表17项

续表

学者	年份	定义	结构维度	问卷名称
Harter, Hayes & Schmidt	2002	敬业度是个体对工作的投入、满意以及热情程度。	—	—
Robinson	2004	组织承诺、组织公民行为和动机。	—	—
Wellins & Concelman	2004	敬业度是激励员工创造高绩效的看不见的力量，综合了承诺、忠诚和主人翁精神。	—	—
May et al	2004	敬业度强调组织成员如何将自我投入工作表现中，它不仅包括对工作的认知，还包括对情感和行为的灵活应用。	（1）工作丰富化；（2）工作角色适应性（Work Role Fit）；（3）管理关系；（4）同事关系；（5）同事间规范；（6）自我意识（Self-Consciousness）；（7）资源和外部活动。	敬业度测量量表 13项
曾晖等	2005	员工敬业度是一种对待工作的持久、积极的情绪和动机唤醒状态，随时可以全身心地投入工作中，并在工作过程中伴随有愉悦、自豪、鼓舞的体验；工作时感觉时间过得很快、不容易疲倦、面对困难及压力，有很高的承受力，一旦进入工作角色，就不愿意从工作中脱离出来，并愿意付出额外的工作努力。	（1）任务中心；（2）活力；（3）主动参与；（4）价值内化；（5）效能感；（6）积极坚持。	综合敬业度测量表（MEI）22项
Sake	2006	敬业度是与个人角色绩效相联系的感知、情感和行为的构念。	—	敬业度测量量表 12项
Rich	2006	工作敬业度是一种涉及员工行为、认知和感情的状态。	（1）行为敬业；（2）认知敬业；（3）感情敬业。	—

续表

学者	年份	定义	结构维度	问卷名称
查淞城	2007	员工敬业度指的是员工在工作中积极投入，同时伴随着工作参与而产生的完满的生理、认知和情绪的状态。	(1) 工作参与：员工在工作中投入的时间、智力和精力的程度，以及在工作中员工的生理、认知和情绪的状态。 (2) 组织认同：员工作为所在单位的一员，产生比较强烈的认同感。 (3) 工作价值感：员工在工作中感受到的满意义和价值，并能在工作中感为自己从事的工作无满意义和价值，并能在工作中感到快乐。	—
Macey & Schneider	2008	敬业是一种强烈的情感状态，它表现在对于高度投入到所在组织（自豪和认同），同时在工作中具有活力和表现力意识。	(1) 心理敬业（psychological engagement）：指在短的时间内的（一周或更短）同一员工在不同情境下表现出来的热爱投入工作的内心状态。 (2) 行为敬业（behavioral engagement）：指员工在实际行动和具体行为中所表现出来的外在物理状态。 (3) 特质敬业（trait engagement）：指员工在较时期内（几周或者更长）表现出的一种稳定的、本质固有的心理敬业状态。	—
Shuck & Wollard	2010	员工针对期望的组织成果的一种认知上、情感上和行为上的状态。	—	—
杨波	2012	员工敬业度是员工认同自身工作，并将自己的时间和精力投入到工作之中，同时愿意与组织一起追求发展的心理状态。	(1) 投入工作：员工在工作中投入的时间、智力和精力的程度。 (2) 认同工作：员工作为所在组织的一分子，对组织产生认同感的程度。 (3) 追求发展：员工愿意与组织一起追求发展并为此付出行动的程度。	—

续表

学者	年份	定义	结构维度	问卷名称
美世（Mercer）咨询公司	—	敬业度也可称为"承诺"或"积极性"——是指员工对公司归属感的心理状态，并愿意在工作中以超出公司要求的高标准投入工作。	—	—
翰威特（Hewitt）咨询公司	—	用来衡量员工留在公司工作的意愿和为公司提供服务的努力程度。	（1）乐于宣传（Say）：对同事、潜在的雇员、顾客不断正面宣传公司。 （2）乐于留任（Stay）：员工有着强烈的欲望想要留在公司继续工作。 （3）乐于努力（Strive）：员工不但在日常工作中全身心的投入其中，而且为了能够帮助公司达成目标，获得成功，员工愿意为此付出额外的时间和努力。	3S 敬业度量表 6项
韬睿（Towers Perrin）咨询公司	—	能够从工作中获得个人的满足、灵感和肯定，并愿意成为组织的一部分。	（1）理性敬业：当员工认识和了解到工作能为个人带来金钱、职业发展技能或者个人发展等方面的利益时，能够进行自我激励和认知投入，愿意付出努力来帮助公司获得成功。 （2）感性敬业：员工受视、热衷和认同自己所从事的工作时，会对公司进行更多的情感投入，并关注公司未来发展的问题。	—
盖洛普（Gallup）咨询公司	—	员工对其工作所在组织的情感认同和工作参与程度，是组织为员工创造有利于发挥其自身优势的良好的工作环境，使得每个员工都能够良好地融人组织团队，成功团队中的一分子，从而使其产生一种主人翁的责任感，反对所属组织的一种归属感。	（1）忠诚； （2）自信； （3）自豪； （4）激情。	GWA 量表（Q12）12项

附表8 成就目标导向实证研究汇总

作者	样本	量表	因变量	主要研究发现
Archer（1994）	3组大学生样本 N=271, 356, 266	Ames & Archer's（1988），学习目标和绩效目标定向	学习战略，积极反馈，困难或简单任务的偏好	学习目标定向与学习战略、积极反馈和困难任务选择正相关，与简单任务选择负相关；绩效目标定向也与学习战略、积极反馈正相关，但不如学习目标定向显著。绩效目标定向与任务难度没有关系。
Button, Mathieu & Zajac（1996） 研究1	374名大学生	Button et al.（1996）个体特质学习目标定向和绩效目标定向	年龄、性别、GPA分数	年龄与绩效目标定向负相关，与学习目标定向没有显著相关。性别与学习目标定向和绩效目标定向都不显著相关。GPA分数与学习目标定向正相关，与绩效目标定向没有显著相关。
研究2	215名雇员		年龄、性别、能力	年龄与绩效目标定向负相关，与学习目标定向没有显著相关。性别与学习目标定向和绩效目标定向都不显著相关。能力与学习目标定向正相关，与绩效目标定向负相关。（即学习目标定向为持有能力增长观，绩效目标定向为持有能力固存观）。
研究3	409名大学生		年龄、性别、能力、GPA分数、自尊、控制力	年龄与绩效目标定向负相关，与学习目标定向正相关。性别与学习目标定向和绩效目标定向都不显著相关。GPA分数与学习目标定向正相关，与绩效目标定向没有显著相关。能力与学习目标定向正相关，与绩效目标定向负相关。自尊与学习目标定向显著相关。控制力与学习目标定向/绩效目标定向都正相关，其中学习目标定向更显著。

续表

作者	样本	量表	因变量	主要研究发现
Phillips & Gully (1997)	330名大学生	Button (1996), 学习目标定向, 绩效目标定向	自我效能, 成就需求, 控制力, 自我目标设定, 绩效	自我效能与学习目标定向正相关, 与绩效目标定向负相关。成就需求, 自我目标设定水平和绩效都与学习目标定向正相关, 与绩效目标定向没有显著相关。
Fisher & Ford (1998)	121名大学生参加股票价格预测培训项目	同上	努力, 学习策略, 开小差行为	学习目标定向表现出更多的努力和运用更加复杂的学习策略。绩效目标定向表现出较少的努力和较小的运用复杂学习策略。学习目标定向与开小差行为正相关, 绩效目标定向与开小差行为负相关。
Gist & Stevens (1998)	121 MBA学生	个体特质的学习目标定向, 绩效目标定向	学习, 技能迁移, 完成任务时间	在接受新任务时, 与绩效目标定向的学生相比, 学习目标定向的学生表现出更高的技能迁移能力, 更高的认知能力以及为完成任务, 愿意花费更多的时间。
Brett & Vande Walle (1999)	262名MBA学生参加培训讲座, 时间序列研究	Vande Walle (1997) 学习定向, 绩效趋近, 绩效回避; 个体特质成就目标定向	培训内容目标 (技能提高, 回避, 比较)	学习目标定向与技能改进培训内容目标正相关, 进而与绩效正相关。绩效趋近成就目标回避目标没有显著相关, 与技能改进或回避目标定向与绩效回避目标正相关, 但与比较内容目标改进或比较内容目标都与绩效不相关。

续表

作者	样本	量表	因变量	主要研究发现
Bell, Mullins, Toney & Kozlowski（1999）	3份报告涉及58名173名和309名参加培训项目的大学生	Button（1996），个体特质与环境特质学习目标定向，绩效目标定向	培训知识，任务绩效，自我效能	个体特质绩效目标定向与培训知识负相关，个体特质的学习目标定向与其正相关，但不显著。环境特质的目标定向在绩效方面比个体特质的目标定向的学生要好。环境特质的目标定向在任务特质的目标定向上比个体特质的目标定向的影响大。环境特质和个体特质的学习目标定向都提高了学生的自我效能。
Facteau, Fredholm, Keller（1999）	357名大学生	Roedel（1994）学习目标定向，绩效目标定向	自尊水平，自尊稳定性，自我恢复	自尊水平，自尊稳定性，自我恢复都与学习目标定向正相关，与绩效目标定向负相关。
Hoover, Steele Johnson, Beauregard & Schmidt（1999）	128名大学生完成一项计算机编程任务	Sujan（1994）15题的个体特质学习目标定向，绩效目标定向	任务复杂性，内在动机	高绩效目标定向与静态任务的高绩效相关，与绩效目标定向与动态任务的高绩效相关。与绩效目标定向相比，高绩效目标定向的学生在从事复杂任务时有更高的内在动机。
Vande Walle, Brown, Cron & Slocumm（1999）	153名销售人员	Sujan（1994）针对销售人员开发的11题	销售业绩，目标水平，努力，计划	学习目标定向与销售业绩正相关，（目标水平、努力和计划）其中起到完全中介作用。绩效目标定向与以上自我调节策略和销售业绩无关。
Vande Walle, Ganesan, Challagalla（1999）	500强企业中的310名销售人员	Sujan（1994）针对销售人员开发的9题	反馈寻求行为，反馈价值，反馈成本	学习目标定向与反馈寻求行为和感知的反馈寻求的价值正相关，与感知的反馈寻求的成本负相关。

附录2　调查问卷

员工问卷

亲爱的朋友：您好！

　　首先非常感谢您填答此份问卷！本问卷的目的是研究工作生活质量对员工个人绩效的影响机制，从而有助于企业改善和提升您的工作质量。本调研完全用于学术研究，您所回答的任何资料将会完全保密，仅作科学研究之用，请您放心并按照真实想法填答问卷。

　　你的单位名称：_____

　　第一部分：

　　以下句子是有关您在工作中的感受的陈述。请仔细阅读，并确定您是否曾在工作有过这样的感觉。请从以下问题后的数字中选择您对该问题的同意程度。其中，1代表非常不同意，随着数字增大，同意程度增强，7代表非常同意（用√或○标记出您的选项即可）。

		非常不同意	不同意	有点不同意	没有意见	有点同意	同意	非常同意
1	我的工作要求我有创造力	1	2	3	4	5	6	7
2	我的工作责任重大	1	2	3	4	5	6	7
3	我有机会在工作中发挥我自己的特长	1	2	3	4	5	6	7
4	我的工作是无聊、单调的	1	2	3	4	5	6	7
5	我的工作由许多不同的事情组成	1	2	3	4	5	6	7
6	我的工作要求高水平的技术	1	2	3	4	5	6	7
7	需要我在工作中学习新的东西	1	2	3	4	5	6	7
8	我的工作中有很多重复性的工作	1	2	3	4	5	6	7
9	如果我想，我可以抽空离开工作现场一小会儿	1	2	3	4	5	6	7

续表

		非常不同意	不同意	有点不同意	没有意见	有点同意	同意	非常同意
10	我能决定我的工作节奏	1	2	3	4	5	6	7
11	我能自己决定工作的次序	1	2	3	4	5	6	7
12	工作中我可以聊会儿天	1	2	3	4	5	6	7
13	我没有被要求做额外的工作	1	2	3	4	5	6	7
14	我的工作需要非常努力才能完成	1	2	3	4	5	6	7
15	我有足够的时间把工作做完	1	2	3	4	5	6	7
16	工作中经常需要搬运重物	1	2	3	4	5	6	7
17	我的工作要求耗费体能	1	2	3	4	5	6	7
18	工作中经常加班，导致身体疲惫	1	2	3	4	5	6	7
19	未来的5年内，我会失去这个工作	1	2	3	4	5	6	7
20	在过去的日子里，我曾经被解雇过	1	2	3	4	5	6	7
21	我的工作安全感挺高	1	2	3	4	5	6	7
22	我的主管领导关心下属的福利	1	2	3	4	5	6	7
23	我的主管领导关注我的发言	1	2	3	4	5	6	7
24	我挺感谢我的主管领导	1	2	3	4	5	6	7
25	我的主管领导，在团结大家一起工作方面做得很好	1	2	3	4	5	6	7
26	为了完成工作，我的主管领导能够帮忙	1	2	3	4	5	6	7
27	我的同事会帮助我，完成我的工作	1	2	3	4	5	6	7
28	我的同事在乎我的个人感受	1	2	3	4	5	6	7
29	我挺感谢我的同事	1	2	3	4	5	6	7
30	如果我在工作中遇到问题，我会找同事帮忙	1	2	3	4	5	6	7
31	我的同事是友好的	1	2	3	4	5	6	7
32	我的同事有能力完成他们的工作	1	2	3	4	5	6	7
我在工作中会有成功的感觉，当……								
33	我通过努力学会了新的知识或技能	1	2	3	4	5	6	7

续表

		非常不同意	不同意	有点不同意	没有意见	有点同意	同意	非常同意
34	我学会的新知识或新技能,在过去我会觉得它很难	1	2	3	4	5	6	7
35	我学会了可以激励我不断前进的东西	1	2	3	4	5	6	7
36	我觉得自己在进步	1	2	3	4	5	6	7
37	我学会的东西,还需要不断地反复练习	1	2	3	4	5	6	7
38	我学会的新东西,很有乐趣	1	2	3	4	5	6	7
39	工作中,我已尽了自己最大的努力	1	2	3	4	5	6	7
40	我在某些方面不断改进自己	1	2	3	4	5	6	7
41	我掌握了新的知识或新的技能	1	2	3	4	5	6	7
42	我发挥了自己的潜力	1	2	3	4	5	6	7
43	我全力以赴	1	2	3	4	5	6	7
44	工作中,我比同事表现得要好	1	2	3	4	5	6	7
45	工作中,其他人比不过我	1	2	3	4	5	6	7
46	其他人会把工作弄糟,但是我不会	1	2	3	4	5	6	7
47	我可以清晰地表态:工作中我是最合格、最好的	1	2	3	4	5	6	7
48	我可以完成其他人做不来的工作	1	2	3	4	5	6	7
49	我是最有生产力的员工	1	2	3	4	5	6	7
50	我是唯一一个掌握特殊知识或技能的员工	1	2	3	4	5	6	7
51	我是最好的	1	2	3	4	5	6	7
52	我很乐意在这家企业长期工作下去,直至退休	1	2	3	4	5	6	7
53	我确实觉得公司面临的问题就是我自己的问题	1	2	3	4	5	6	7
54	我有我是公司"大家庭中一员"的感觉	1	2	3	4	5	6	7
55	我觉得跟这家公司有情感上的联系	1	2	3	4	5	6	7
56	这家公司对我个人而言,有重要意义	1	2	3	4	5	6	7
57	我对公司有很强的归属感	1	2	3	4	5	6	7
58	在工作中,我感到自己迸发出能量	1	2	3	4	5	6	7

续表

		非常不同意	不同意	有点不同意	没有意见	有点同意	同意	非常同意
59	工作时，我感到自己强大并且充满活力	1	2	3	4	5	6	7
60	我对工作富有热情	1	2	3	4	5	6	7
61	工作激发了我的灵感	1	2	3	4	5	6	7
62	早上一起床，我就想要去工作	1	2	3	4	5	6	7
63	当工作紧张的时候，我会感到快乐	1	2	3	4	5	6	7
64	我为自己所从事的工作感到自豪	1	2	3	4	5	6	7
65	我沉浸于我的工作当中	1	2	3	4	5	6	7
66	我在工作时会达到忘我的境界	1	2	3	4	5	6	7

第二部分：背景资料（由于研究分析的需要，我们需要了解一些您的个人资料。请放心，个人资料会严格保密。）

1. 您的性别是：①男 ②女

2. 您的年龄是：①20岁以下 ②21~30岁 ③31~40岁 ④41~50岁 ⑤51~60岁 ⑥61岁及以上

3. 您的教育程度是：①高中/中专（含在读） ②大专（含在读） ③大学本科（含在读）④硕士及以上（含在读）

4. 您是否是本地人（在本地出生、成长）：①是 ②否

5. 您是哪年参加工作的：_____年

6. 您是哪年进入本企业工作的：_____年

7. 您在本企业的职位是：①实习生 ②普通员工 ③基层管理者（如领班、主管等）④中层管理者（如部门经理等）

8. 您目前的用工形式是：①正式员工 ②劳务派遣 ③临时工

9. 您目前月收入（税后）是：①3000元以下 ②3000~4500元 ③4500~6000元 ④6000~7500元 ⑤7500~9000 ⑥9000元以上

问卷结束，感谢您的参与与支持！

主管问卷

亲爱的朋友：

您好！

首先非常感谢您填答此份问卷！本问卷的目的是研究工作生活质量对员工个人绩效的影响机制，从而有助于企业改善和提升员工的工作质量。

本问卷仅供科学研究使用，不涉及企业内部人力资源绩效评估。请根据您的日常观察，客观填写。您所回答的任何资料将会完全保密，仅作科学研究之用，请您放心并按照真实想法填答问卷。

以下句子是有关您在工作中对_____员工的工作评价。请仔细阅读，从以下问题后的数字中选择您对该问题的同意程度。其中，1代表非常不同意，随着数字增大，同意程度增强，7代表非常同意（用√或○标记出您的选项即可）。

		非常不同意	不同意	有点不同意	没有意见	有点同意	同意	非常同意
1	工作中，该员工会协助同事，为顾客提供高质量的服务	1	2	3	4	5	6	7
2	为了更好地服务顾客，该员工能够自愿、主动地做不属于自己工作范围内的事情	1	2	3	4	5	6	7
3	为改进顾客服务，该员工能够提出创新的建议	1	2	3	4	5	6	7
4	当客人面临困难时，该员工绞尽脑汁地想办法	1	2	3	4	5	6	7
5	虽然某些活动不是强制参加的，但只要有助于提高顾客服务，该员工也会参加	1	2	3	4	5	6	7
6	在如何提高顾客服务上，该员工常与同事交流想法	1	2	3	4	5	6	7
7	该员工会一直处理顾客遇到的问题，直到问题解决	1	2	3	4	5	6	7
8	该员工能完成公司工作说明书上要求的职责	1	2	3	4	5	6	7
9	该员工的工作能够达到绩效要求的标准	1	2	3	4	5	6	7
10	该员工能根据工作的实际要求完成任务	1	2	3	4	5	6	7
11	该员工从没有忽略过他应该做的工作	1	2	3	4	5	6	7
12	该员工经常完成他基本的工作职责	1	2	3	4	5	6	7

问卷结束，感谢您的参与与支持！

附录3　访谈提纲

访谈对象：全聚德集团员工

访谈地点：全聚德博物馆等

1. 全聚德的招聘制度是什么？用工标准如何？服务员是如何招聘的？是否全面社招？

2. 现阶段的员工培训制度是什么？针对管理人员、服务人员、后厨人员等人员是否有所不同？现在是否还有"师徒制"（师傅带徒弟是否还有每个月300元的补贴？）

3. 和平门店的薪酬结构是什么样的？不同子公司之间是否有薪酬的横向对比，薪酬架构是如何搭建的？高级管理人员是否是年薪制？是否是"三工分立"的薪酬体系？级别工资分多少级？

4. 以和平门店为例，和平门店的组织结构，各部门的职能是什么？与集团公司有何不同？

5. 服务员签订的是怎样的劳动合同？是否为聘任制的？管理制度和培训制度是什么？

6. 厨师作为全聚德的"核心资源"，分店是如何留任厨师的？如何对厨师进行管理和培训的？

7. 人员的流动机制是什么？管理人员、厨师人员和服务人员的流动通道是什么？

8. 店长的职责和管理权限是什么？是否是"店长负责制"？

9. 和平门店是否进行了"菜品改革"？员工总数是如何变化的？发展趋势是怎样的？

附录4 访谈记录

访谈时间：2016-07-26
访谈对象：全聚德集团人力资源部主管
访谈地点：全聚德博物馆

本次调研一行三人组成的调研团队走访了全聚德博物馆、全聚德和平门店，对全聚德集团人力资源部主管进行了深入访谈，并进一步补充获得了《经营者绩效考核及薪酬管理办法》《全聚德企业文化手册》《全聚德企业理念手册》《全聚德企业行为手册》《全聚德集团公司员工薪酬管理办法》《分店员工薪酬管理办法》等资料，以及最新制定的全套《培训手册》资料。

访谈记录如下（节选节略）。

1. 全聚德的招聘制度是什么？用工标准如何？服务员是如何招聘的？是否全面社招？

全聚德现在新进人员主要是来自"订单班"，每年招100人，直接顶岗到不同分店。服务员由于需求量很大，流失高，所以，基本上是没有特别的用工标准的。

2. 现阶段的员工培训制度是什么？针对管理人员、服务人员、后厨人员等人员是否有所不同？现在是否还有"师徒制"（师傅带徒弟是否还有每个月300元的补贴？）

全聚德旗下的北京全聚德集团培训中心和全聚德集团职业技能培训学校两家子公司专门负责公司的培训业务。当前，全聚德逐渐认识到"师带徒"制度的重要性，2012年年底开始，逐渐完善"师带徒"的相关制度规范，学习"同仁堂"的管理制度，每年抽调100名高级人才，为企业培养经国家认证的技艺传承人，对服务和烹饪人员展开3年一期的专门培训。

3. 和平门店的薪酬结构是什么样的？不同子公司之间是否有薪酬的横向对比，薪酬架构是如何搭建的？高级管理人员是否是年薪制？是否是"三工分立"的薪酬体系？级别工资分多少级？

大店的店长、书记和厨师长实行年薪制，其他的员工实行基薪制。底层服务员的工资4000元左右，其中，由2000元左右的岗位工资、1000多元的绩效工资、酒水提成和年终奖构成。

4. 以和平门店为例，和平门店的组织结构，各部门的职能是什么？与集团公司有何不同？

和平门店的组织架构是比较完善的，有办公室、后勤部、人力资源部等部门，与集团是矩阵式结构关系。

5. 服务员签订的是怎样的劳动合同？是否为聘任制的？管理制度和培训制度是什么？

服务员签订的都是正规劳动合同，社会保障做得非常规范，公司为员工缴纳12%的社保和5%的企业年金。社保中47%是由公司负担。

6. 厨师作为全聚德的"核心资源"，分店是如何留任厨师的？如何对厨师进行管理和培训的？

从现在来看，我们的厨师流失还是挺高的，现在主要是学习同仁堂，发展"师带徒"。

7. 人员的流动机制是什么？管理人员、厨师人员和服务人员的流动通道是什么？

之前我们有厨师长当分店店长的，现在还有这种机制。但是服务员当厨师或者管理者比较难。

8. 店长的职责和管理权限是什么？是否是"店长负责制"？

现在不能算是店长负责制，因为店长的职权非常有限，工资水平等都不由店长来看，都是集团统一规定。甚至有些店店长连进人的权力都没有。

9. 和平门店是否进行了"菜品改革"？员工总数是如何变化的？发展趋势是怎样的？

现在集团在推行"50+50"的改革，减少菜品，因此，肯定会减少服务员，减员增效。

参考文献

[1] Agarwal.U. A. (2014). Linking justice, trust and innovative work behaviour to work engagement. Personnel Review, 43 (1), 41-73 (33).

[2] Ahmad, S. (2013). Paradigms of quality of work life. Journal of Human Values, 19 (1), 73-82.

[3] Alan M. Saks. (2011). Workplace spirituality and employee engagement.Journal of Management Spirituality & Religion, 8 (4), 317-340.

[4] Allen, N. J.& Meyer, J. P. (1990). The measurement and antecedents of affective, continuance and normative commitment to the organization.Journal of Occupational & Organizational Psychology, 63 (1), 1-18.

[5] Allen, N. J.& Meyer, J. P. (1993). Organizational commitment: evidence of career stage effects?. Journal of Business Research, 26 (1), 49-61.

[6] Allen, N. J.& Meyer, J. P. (1996). Affective, continuance, and normative commitment to the organization: an examination of construct validity. Journal of Vocational Behavior, 49 (3), 252-276.

[7] Allen, N. J.& Meyer, J. P. (2007). Organizational socialization tactics: a longitudinal analysis of links to newcomers' commitment and role orientation. Academy of Management Journal, 33 (4), 847-858.

[8] An, J. Y., Yom, Y. H.& Ruggiero, J. S. (2011). Organizational culture, quality of work life, and organizational effectiveness in korean university hospitals. Journal of Transcultural Nursing Official Journal of the Transcultural Nursing Society, 22 (1), 22.

[9] Angle, H. L.& Lawson, M. B. (2011). Organizational commitment and employees' performance ratings: both type of commitment and type of performance count. Psychological Reports, 75 (3f), 1539-1551.

[10] Ashford, S. J., Lee, C.& Bobko, P. (1989). Content, causes, and consequences of job insecurity: a theory-based measure and substantive test. Academy of Management Journal, 32 (4), 803-829.

[11] Ashforth, B. E.& Saks, A. M. (1996). Socialization tactics: longitudinal effects on newcomer

adjustment. Academy of Management Journal, 39（1）, 149-178.

［12］Avkiran, N. K. （1999）. Quality customer service demands human contact. International Journal of Bank Marketing, 17（2）, 61-74.

［13］Baird, L. S. （1976）. Relationship of performance to satisfaction in stimulating and nonstimulating jobs. Journal of Applied Psychology, 61（6）, 721-727.

［14］Baker, H. E.& Feldman, D. C. （1990）. Strategies of organizational socialization and their impact on newcomer adjustment. Journal of Managerial Issues, 2（2）, 198-212.

［15］Bakker, A. B.& Demerouti, E. （2007）. The job demands-resources model: state of the art. Journal of Managerial Psychology, 22（3）, 309-328.

［16］Barling, J.Wade, B. & Fullagar, C. （1990）. Predicting employee commitment to company and union: divergent models. Journal of Occupational & Organizational Psychology, 63（1）, 49-61.

［17］Bashaw, R. E.& Grant, E. S. （1994）. Exploring the distinctive nature of work commitments: their relationships with personal characteristics, job performance, and propensity to leave. Journal of Personal Selling & Sales Management, 14（2）, 41-56.

［18］Bateman, T. S.& Strasser, S. （1984）. A longitudinal analysis of the antecedents of organizational commitment. Academy of Management Journal Academy of Management, 27（1）, 95.

［19］Behr, P., Beck, T.& Guettler, A. （2009）. Are women better loan officers?. Ssrn Electronic Journal, 17（4）, 1279-1321.

［20］Berg, Y. V. D.& Martins, N. （2013）. The relationship between organisational trust and quality of work life. Sa Journal of Human Resource Management, 11（1）, 1-13.

［21］Bettencourt, L. A.& Brown, S. W. （1997）. Contact employees: relationships among workplace fairness, job statisfaction and prosocial service behaviors. Journal of Retailing, 73（1）, 39-61.

［22］Bettencourt, L. A.K. P. Gwinner& M. L. （2001） Meuter. A comparison of attitude, personality and knowledge predictors of service-oriented organizational citizenship behaviors. Journal of Applied Psychology, 86（1）, 29-41.

［23］Bienstock, C. C., Demoranville, C. W.& Smith, R. K. （2003）. Organizational citizenship behavior and service, quality. Journal of Services Marketing, 17（4）, 357-378.

［24］Bitner, M. J., Booms, B. H.& Mohr, L. A. （1994）. Critical service encounters: the employee's viewpoint. Journal of Marketing, 58（4）, 95-106.

[25] Blau, P. M. Exchange and power in social life, [M]. New York: Jon Wiley, 1964.

[26] Brady, M. K.& Cronin, J. J. (2001). Customer orientation: effects on customer service perceptions and outcome behaviors. Journal of Service Research, 3(3), 241-251.

[27] Breitsohl, H.& Ruhle, S. (2013). Residual affective commitment to organizations: concept, causes and consequences ☆. Human Resource Management Review, 23(2), 161-173.

[28] Brett, J. F.& Vandewalle, D. (1999). Goal orientation and goal content as predictors of performance in a training program. Journal of Applied Psychology, 84(6), 863-873.

[29] Brett, J. F.Cron, W. L.& Slocum, J. W. (1995). Economic dependency on work: a moderator of the relationship between organizational commitment and performance. Academy of Management Journal, 38(1), 261-271.

[30] Brockner, J., Dewitt, R. L., Grover, S.& Reed, T. (1990). When it is especially important to explain why: factors affecting the relationship between managers' explanations of a layoff and survivors' reactions to the layoff. Journal of Experimental Social Psychology, 26(5), 389-407.

[31] Brockner, J., Grover, S., Reed, T., Dewitt, R.& O'Malley, M. (1987). Survivors' reactions to layoffs: we get by with a little help for our friends.Administrative Science Quarterly, 32(4), 526-541.

[32] Brockner, J., Tyler, T. R.& Cooper-Schneider, R. (1992). The influence of prior commitment to an institution on reactions to perceived unfairness: the higher they are, the harder they fall. Administrative Science Quarterly, 37(2), 241-261.

[33] Brooks, B. A.& Anderson, M. A. (2005). Defining quality of nursing work life. Nursing Economic, 23(6), 319.

[34] Castro, C. B.Armario, E. M.& Ruiz, D. M. (2004). The influence of employee organizational citizenship behavior on customer loyalty.International Journal of Service Industry Management, 15(1), 27-53.

[35] Cellar, D.F., Stuhlmacher, A.F., Young, S.K., Fisher, D.M., Adair, C.K., Haynes, S., Twichell, E., Arnold, K.A., Royer, K., Denning, B.L. and Riester, D(2011). Trait goal orientation, self-regulation, and performance: a meta-analysis. Journal of Business Psychology, 26(1), 467-483.

[36] Chao, G. T., O'Leary-Kelly, A. M., Wolf, S., Klein, H. J. & Gardner, P. D. (1994). Organizational socialization: its content and consequences.Journal of Applied Psychology, 79(5), 730-743.

[37] Chen, J., Silverthorne, C., Hung J (2006). Organizational communication, job stress, organizational commitment, and job performance of accounting professionals in Taiwan and America. Leadership &

Organizational Development Journal, 27（4），242-249.

［38］Chenghua, T., Chen, S. J.& Fang, S. C.（2009）. Employment modes, high-performance work practices, and organizational performance in the hospitality industry. Cornell Hospitality Quarterly, 50（4），413-431.

［39］Cheung, Y. L.& Tang, S. K.（2009）. Quality of work life as a mediator between emotional labor and work family interference. Journal of Business & Psychology, 24（3），245-255.

［40］Coffman, D. L.& Maccallum, R. C.（2005）. Using parcels to convert path analysis models into latent variable models. Multivariate Behavioral Research, 40（2），235.

［41］Collins, B. J., Mossholder, K. W.& Taylor, S. G.（2012）. Does process fairness affect job performance? it only matters if they plan to stay.Journal of Organizational Behavior, 33（7），1007-1026.

［42］Commitment. Human Resource Management Review, 1991，61-89.

［43］Cropanzano, R.& Mitchell, M. S.（2005）. Social exchange theory: an interdisciplinary review. Journal of Management, 31（6），874-900.

［44］David J. Cran.（1994）. Towards validation of the service orientation construct. Service Industries Journal, 14（1），34-44.

［45］Dean, A. M.（2004）. Links between organisational and customer variables in service delivery. International Journal of Service Industry Management, 15（4），332-350.

［46］Deborah L. Bandalos.（2002）. The effects of item parceling on goodness-of-fit and parameter estimate bias in structural equation modeling.Structural Equation Modeling A Multidisciplinary Journal, 9（1），78-102.

［47］Dickh-user, C., Buch, S. R.& Dickh-user, O.（2011）. Achievement after failure: the role of achievement goals and negative self-related thoughts. Learning & Instruction, 21（1），152-162.

［48］Dimitriades, Z. S.（2007）. The influence of service climate and job involvement on customer - oriented organizational citizenship behavior in greek service organizations: a survey. Employee Relations, 29（5），469-491.

［49］Dunham, R. B., Grube, J. A.& Castañeda, M. B.（1994）. Organizational commitment: the utility of an integrative definition. Journal of Applied Psychology, 79（3），370-380.

［50］Dunlap, B.J., Dotson, M.T. & Chambers, T.M.（1988）. Perceptions of real-estate brokers and buyers: a sales orientation, customer orientation approach. Journal of Business Research, 17（9），175-187.

［51］Duxbury, L. E.& Higgins, C. A.（1991）. Gender differences in work-family conflict. Journal of

Applied Psychology, 76（1），60-73.

［52］Dweck, C. S.& Leggett, E. L.（1988）. A social-cognitive approach to motivation and personality. Psychological Review, 95（2），256-273.

［53］Dyne, L. V.& Ang, S.（1998）. Organizational citizenship behavior of contingent workers in singapore. Academy of Management Journal, 41（6），692-703.

［54］Dyne, L. V., Graham, J. W.& Dienesch, R. M.（1994）. Organizational citizenship behavior: construct redefinition, measurement, and validation.Academy of Management Journal, 37（4），765-802.

［55］Dysvik, A.& Kuvaas, B.（2013）. Exploring the relative and combined influence of mastery - approach goals and work intrinsic motivation on employee turnover intention. Personnel Review, 39（5），622-638.

［56］Edwards, J. R.（1994）. The study of congruence in organizational behavior research: critique and a proposed alternative. Organizational Behavior & Human Decision Processes, 58（1），51-100.

［57］Edwards, J. R.& Cooper, C. L.（1990）. The person - environment fit approach to stress: recurring problems and some suggested solutions.Journal of Organizational Behavior, 11（4），293-307.

［58］Efraty, D.& Sirgy, M. J.（1990）. The effects of quality of working life（qwl）on employee behavioral responses. Social Indicators Research, 22（1），31-47.

［59］Eisenberger, R., Fasolo, P.& Davislamastro, V.（1990）. Perceived organizational support and employee diligence, commitment, and innovation. Journal of Applied Psychology, 75（1），51-59.

［60］Eisenberger, R., Karagonlar, G., Stinglhamber, F., Neves, P., Becker, T., Gonzales-Morales, M.& Steiger-Mueller, M.（2010）. Leader-member exchange and affective organizational commitment: the contribution of supervisor's organizational embodiment . Journal of Applied Psychology, 95, 1-19.

［61］Elliot, A. J.& Harackiewicz, J. M.（1994）. Goal setting, achievement orientation, and intrinsic motivation: a mediational analysis. Journal of Personality & Social Psychology, 66（5），968-980.

［62］Finney, S. J.& Bandalos, D.（2001）. Item parceling issue in structural equation modeling. Advanced structural equation modeling: New developments and techniques.

［63］Fishbein, M.& Ajzen, I.（1977）. Belief, attitude, intention and behaviour: an introduction to theory and research. Philosophy & Rhetoric, 41（4），842-844.

［64］Freeney, Y.（2013）. Work engagement, job design and the role of the social context at work: exploring antecedents from a relational perspective. Human Relations, 66（11），1427-1445.

［65］Ganster, D. C.& Dwyer, D. J.（1995）. The effects of understaffing on individual and group performance in professional and trade occupations.Journal of Management, 21(2), 175-190.

[66] Gilboa, S., Shirom, A., Fried, Y.& Cooper, C.(2008). A meta-analysis of work demand stressors and job performance: examing main and moderating effects. Personnel Psychology, 61, 227-271.

[67] Gouldner, A. W.(1960). The norm of reciprocity: a preliminary statement.American Sociological Review, 25(2), 161-178.

[68] Graham, J. W.(1991). An essay on organizational citizenship behavior.Employee Responsibilities & Rights Journal, 4(4), 249-270.

[69] Graham, J. W.(1989) Organizational citizenship behavior: construct redefinition, operationalization and validation. Unpublished working paper, Loyola University of Chicago.

[70] Green, C., Jegadeesh, N.& Tang, Y.(2009). Gender and job performance: evidence from wall street. Social Science Electronic Publishing, 65(6), 65-78.

[71] H., WilsonM.& Eastman, K.(2013). Modeling ocb for hotels. Cornell Hospitality Quarterly, 54(3), 308-317.

[72] Hackman, J. R.& Oldham, G. R.(1976). Motivation through the design of work: test of a theory ☆. Organizational Behavior & Human Performance, 16(2), 250-279.

[73] Hair, J. F., Anderson, R. E., Tatham, R. L.& Black, W. C.(1995). Multivariate data analysis (4th ed.): with readings. Prentice-Hall, Inc.

[74] Hall, R. J., Snell, A. F.& Foust, M. S.(1999). Item parceling strategies in sem: investigating the subtle effects of unmodeled secondary constructs. Organizational Research Methods, 2(3), 233-256.

[75] Harris, S. G., Hirschfeld, R. R., Feild, H. S.& Mossholder, K. W.(1993). Psychological attachmentrelationships with job characteristics, attitudes, and preferences for newcomer development. Group & Organization Management, 18(4), 459-481.

[76] Hartline, M. D.& Ferrell, O. C.(1996). The management of customer-contact service employees: an empirical investigation. Journal of Marketing, 60(4), 52-70.

[77] Haslam, S. A.(2001). Psychology in organizations: the social identity approach.

[78] Hau, K. T.& Marsh, H. W.(2004). The use of item parcels in structural equation modelling: non-normal data and small sample sizes. British Journal of Mathematical & Statistical Psychology, 57(2), 327-351.

[79] Havlovic, S. J.(2010). Quality of work life and human resource outcomes. Industrial Relations, 30(3), 469-479.

［80］Heskett, J.L., Jones, T.O., Loveman, G.W., Sasser, W.E., Schlesinger, L.A.（1994）Putting the Service-profit Chain to work. Harvard Business Review,（3），164-170.

［81］Hinkin, T. R.& Tracey, J. B.（2000）. The cost of turnover: putting a price on the learning curve. Cornell Hospitality Quarterly, 41（41），14-21.

［82］Hoffi-Hofstetter, H.& Mannheim, B.（1999）. Managers' coping resources, perceived organizational patterns, and responses during organizational recovery from decline. Journal of Organizational Behavior, 20（5），665-685.

［83］Homans, G.C. Social behavior as exchange. American Journal of Sociology, 1958, 63: 597-606.

［84］Iaffaldano, M. T.& Muchinsky, P.M.（1985）.Job satisfaction and job performance: A meta-analytic comparisons of integrative behavioral outcomes and time sequences. Psychological Bulletin, 97, 251-273.

［85］Ingram, T. N., Lee, K. S.& Skinner, S. J.（1989）. An empirical assessment of salesperson motivation, commitment, and job outcomes.Journal of Personal Selling & Sales Management, 9（3），25-33.

［86］J.K. Harter, F. L., Schmidtand T. L. Hayes.（2002）. Business-Unit-Level relationship between employee satisfaction, employee engagement, and business outcomes: a meta-analysis.Journal of Applied Psychology, 87（2），268-279.

［87］Jamal, M.（2007）. Job stress and job performance controversy revisited: an empirical examination in two countries. International Journal of Stress Management, 14（14），175-187.

［88］Jameson, S.（1998）.Employment and Employee Relations, in: .Thomas, R.（ed.）.The Management of Tourist and Hospitality Firms, Cassell, London, 174-191.

［89］Jeffrey V. Johnson, Ellen M. Hall.（1988）. Job strain, work place social support, and cardiovascular disease: A cross-sectional study of a random sample of the Swedish working population. American Journal of Public Health, 78（10）.

［90］Jenkins, A. K.（2001）. Making a career of it? hospitality students' future perspectives: an anglo-dutch study. International Journal of Contemporary Hospitality Management, 13（1），13-20.

［91］John W. Michel, Michael J. Kavanagh & J.（2012）.Bruce Tracey, Got support? The impact of supportive work practices on the perceptions, motivation, and behavior of customer-contact employees. Cornell Hospitality Quarterly, 54（2），161-173.

［92］Johnson, E. C.（2009）. A multi-level investigation of overall job performance ratings. Dissertations & Theses - Gradworks.

[93] Judge, T. A., 'Thoresen, C. J., Bono, J.E.& Patton, G.K.（2001）.The job satisfaction-job performance relationship: a qualitative and quantitative review. Psychological Bulletin, 127, 376-407.

[94] Julian, C. C.& Ramaseshan, B.（1994）. The role of customer - contact personnel in the marketing of a retail bank's services. International Journal of Retail & Distribution Management, 22（5）, 29-34.

[95] Ka W. C.& Thomas A. W.（2007）. Quality of work life: a study of employees in shanghai, china. Asia Pacific Business Review, 13（4）, 501-517.

[96] Kang, S. K.& Gould, R.（2002）. Hospitality graduates' employment status and job satisfaction. Journal of Hospitality & Tourism Education, 14（4）, 11-18.

[97] Karatepe, O. M.& Demir, E.（2014）. Linking core self-evaluations and work engagement to work-family facilitation. International Journal of Contemporary Hospitality Management, 26（2）, 307-323（17）.

[98] Katz, D.（1964）. The motivational basis of organizational behavior.Systems Research & Behavioral Science, 9（2）, 131.

[99] Koonmee, K., Singhapakdi, A., Virakul, B.& Lee, D.J.（2010）. Ethnics Instittionalization, quality of work life, and employee job-related outcomes: a survey of human resource managers in Thailand. Journal of Business Research, 63（1）, 20-26.

[100] Koyuncu, M., Burke, R. J.& Fiksenbaum, L.（2013）. Work engagement among women managers and professionals in a turkish bank: potential antecedents and consequences. Equal Opportunities International, 25（4）, 299-310.

[101] Kraimer, M.L., Seibert, S.E., Wayne, S.J., Liden, R.C.& Bravo, J.（2011）.Antecedents and outcomes of organizational support for development: the critical role of career opportunities. Journal of Applied Psychology, 96, 485-500.

[102] Kraus, S. J.（1995）. Attitudes and the prediction of behavior: a meta-analysis of the empirical literature. Personality & Social Psychology Bulletin, 21（1）, 10.

[103] Labiris, G., Petounis, A., Kitsos, G., Aspiotis, M., Psillas, K.（2002）. Quality gap, quality of work life and their impact on the performance of an ophthalmologic department. International Journal of Medical Marketing, 3（1）, 49-55.

[104] Landis, R. S., Beal, D. J.& Tesluk, P. E.（2000）. A comparison of approaches to forming composite measures in structural equation models. Organizational Research Methods, 3（2）, 186-207.

[105] Lazear, E. P.（2000）. Performance pay and productivity. American Economic Review, 90（5）,

1346-1361.

[106] Lazer, W.&R.Layton. (2013) .Quality of hospitality service: A chanllenge for the millennium.

[107] Lemieux, T., Macleod, W. B.& Parent, D. (2009). Performance pay and wage inequality. Quarterly Journal of Economics, 124 (1), 1-49.

[108] Liao, H., Toya, K., Lepak, D. P.& Hong, Y. (2009). Do they see eye to eye? management and employee perspectives of high-performance work systems and influence processes on service quality. Journal of Applied Psychology, 94 (2), 371.

[109] Little, T. D., Cunningham, W. A., Shahar G.& Widaman, K. F. (2002) .To parcel or not to parcel: Exploring the question, weighing the merits . Structural Equation Modeling, 9: 151-173.

[110] Lockwood, N. R. Leveraging employee engagement for competitive advantage (Alexandria, VA: Society for Human Resource Management, 2007); and R. J. Vance, Employee Engagement and Commitment (Alexandria, VA: Society for Human Resource Management, (2006).

[111] Lyness, K. S.& Heilman, M. E. (2006). When fit is fundamental: performance evaluations and promotions of upper-level female and male managers. Journal of Applied Psychology, 91 (4), 777-785.

[112] Ma, E., QuHumborstad, S. I. W., Nerstad, C. G. L.& Dysvik, A. (2014). Empowering leadership, employee goal orientations and work performance. Personnel Review, 43 (2), 246-271.

[113] Mackenzie, S. B., Podsakoff, P. M.& Ahearne, M. (1998). Some possible antecedents and consequences of in-role and extra-role salesperson performance. Journal of Marketing, 62 (3), 87-98.

[114] Major, D. A., Kozlowski, S. W. J., Chao, G. T.& Gardner, P. D. (1995). A longitudinal investigation of newcomer expectations, early socialization outcomes, and the moderating effects of role development factors.Journal of Applied Psychology, 80 (3), 418-431.

[115] Management Journal, 1990, 33, 847-858.

[116] Marlena A. Bednarsk, Marcin Olszewski, Dawid Szutowski. (2013) .The Quality of Work Life in Competitive Potential Development in the Tourism Industry: A Conceptual Model and Research Propositions . Poznan University of Economics Review, 13 (4).

[117] Matsunaga, M. (2008). Item parceling in structural equation modeling: a primer. Communication Methods & Measures, 2 (4), 260-293.

[118] Mayer, R. C.& Schoorman, F. D. (1992). Predicting participation and production outcomes through a two-dimensional model of organizational commitment. Academy of Management Journal, 35 (3), 671-

684.

［119］Melamed, S., Shirom, A., Toker, S., Berliner, S.& Shapira, I. （2006）. Burnout and risk of cardiovascular disease: Evidence, possible causal paths, and promising research directions. Psychological Bulletin, 132（3）, 327-353.

［120］Mensah, A. O.& Lebbaeus, A. （2013）. The influence of employees' self-efficacy on their quality of work life: the case of cape coast, ghana.International Journal of Business & Social Science.

［121］Meyer, J. P.& Allen, N. J. （1998）. Commitment in the workplace: Theory, research, and application.

［122］Meyer, J. P.& Allen, N. J. （1991）.A three-component conceptualization of organizational Commitment. Human Resource Management Review, 61-89.

［123］Meyer, J. P.& Herscovitch, L. （2001）. Commitment in the workplace: toward a general model. Human Resource Management Review, 11（3）, 299-326.

［124］Meyer, J. P., Allen, N. J.& Smith, C. （1993）.Commitment to organizations and occupations: Extension and test of three-component conceptualization.Journal of Applied Psychology, 78, 538-551.

［125］Meyer, J. P., Paunonen, S. V., Gellatly, I. H., Goffin, R. D.& Jackson, D. N. （1989） Organizational commitment and job performance: It's the nature of the commitment that counts. Journal of Applied Psychology, 74, 152-156.

［126］Morrison, E. W. （1996）. Organizational citizenship behavior as a critical link between hrm practices and service quality. Human Resource Management, 35（4）, 493-512.

［127］Mortazavi, S., Yazdi, S. V. S.& Amini, A. （2012）. The role of the psychological capital on quality of work life and organization performance. Interdisciplinary Journal of Contemporary Research in Business.

［128］Nahrgang, J. D., Morgeson, F.P.& Hofmann, D.A. （2011）.Safety at work: a meta-analytic investigation of the link between job demands, job resources, burnout, engagement, and safety outcomes. Journal of Applied Psychology, 96, 71-94.

［129］Ng, T. W. H.& Feldman, D. C. （2008）. The relationship of age to ten dimensions of job performance. Journal of Applied Psychology, 93（2）, 392-423.

［130］Nguyen, T. D.& Nguyen, T. T. M. （2012）. Psychological capital, quality of work life, and quality of life of marketers. Journal of Macromarketing, 32（1）, 87-95.

［131］Nicolas Gillet, Evelyne Fouquereau, Angelique Bonnaud-Antigna. （2012）.The mediating role of organizational justice in the relationship between transformational leadership and nurses' quality of work life: A cross-sectional questionnaire survey. International Journal of Nursing Studies, (9).

[132] Nikos Ntoumanis. (2001). Empirical links between achievement goal theory and self-determination theory in sport. Journal of Sports Sciences, 19(6), 397.

[133] Organ, D. W.& Ryan, K. (1995). A meta-analytic review of attitudinal and dispositional predictors of organizational citizenship behavior.Personnel Psychology, 48(4), 775-802.

[134] Organ, D. W. (1988). Organizational Citizenship Behavior: the good soldier syndrome [M]. Lexington, MA: Lexington Books.

[135] Payne, S.C., Youngcourt, S.S. and Beaubien, J.M. (2007).A meta-analytic examination of the goal orientation nomological net.Journal of Applied Psychology, 92(1), 128-150.

[136] Permarupan, P. Y., Mamun, A. A.& Saufi, R. A. (2013). Quality of work life on employees job involvement and affective commitment between public and private sector in malaysia. Asian Social Science, 9(7), 268-278.

[137] Perry, S.J., Witt, L.A., Penney, L.M. and Atwater, L.(1988). The downside of goal-focused Personality. Psychological Review, 95(2), 265-273.

[138] Philip M. Podsakoff& Scott B. MacKenzie. (1997). Impact of organizational citizenship behavior on organizational performance: a review and suggestion for future research. Human Performance, 10(2), 133-151.

[139] Pieterse, A. N., Knippenberg, D. V.& Dierendonck, D. V. (2013). Cultural diversity and team performance: : the role of team member goal orientation. Academy of Management Journal, 56(3), 782-804.

[140] Pintrich, P.R. (2000) An achievement goal theory perspective on issues in motivation terminology, theory, and research. Contemporary Educational Psychology, 25, 92-104.

[141] Pitts, D. (2009). Diversity management, job satisfaction, and performance: evidence from u.s. federal agencies. Public Administration Review, 69(2), 328-338.

[142] Podsakoff, P., McKenzie, S., Paine, J. & Bachrach, D. (2000).Organizational citizenship behaviors: a critical review of the theoretical and empirical literature and suggestions for future research. Journal of Management, 26(3), 513-563.

[143] Podsakoff, P.M., McKenzie, S. & Bommer, W. (1996). Transformational leader behaviors and substitutes for leadership as determinants of employee satisfaction, commitment, trust and organizational citizenship behaviors. Journal of Management, 22(2), 259-298.

[144] Poon, J. M. L. (2013). Relationships among perceived career support, affective commitment, and work engagement. International Journal of Psychology Journal International De Psychologie, 48 (6), 1148-1155.

[145] Poortvliet, P. M.& Darnon, C. (2010). Toward a more social understanding of achievement goals: the interpersonal effects of mastery and performance goals. Current Directions in Psychological Science, 19 (5), 324-328.

[146] Rai, G. S. (2013). Improving quality of working life among nursing home staff: is it really needed?. International Journal of Caring Sciences, 6 (3).

[147] Rawsthorne, L. J.& Elliot, A. J. (1999). Achievement goals and intrinsic motivation: a meta-analytic review. Personality & Social Psychology Review An Official Journal of the Society for Personality & Social Psychology Inc, 3 (4), 326.

[148] Rene Ziegler, Brita Hagen, Michael Diehl. (2012). Relationship between job satisfaction and job performance: job ambivalence as a moderator. Journal of Applied Social Psychology, 42 (8), 2019-2040.

[149] Rhoades L., Eisenberger R. Perceived organizational support: a review of the literature. Journal of Applied psychology, 2002, 87 (4): 698-714.

[150] Rhoades, L.& Eisenberger, R. (2002). Perceived organizational support: a review of the literature. J Appl Psychol, 87 (4), 698-714.

[151] Robert Z. Waryszak. (1999). Students' expectations from their cooperative education placements in the hospitality industry: an international perspective. Education + Training, 41 (1), 33-40 (8).

[152] Roney, S. A. (2007). Career perceptions of undergraduate tourism students: a case study in turkey. Journal of Hospitality Leisure Sport & Tourism, 6 (1), 4-17.

[153] Saklani, D. R. (2004). Quality of work life in the indian context: an empirical investigation. Decision (0304-0941).

[154] Schaufeli, W.B., Bakker, A.B. (2010). Work engagement: A handbook of essential theory and research, [M]. Leiter, Hove, Psychology Press.

[155] Schneider, B., Parkington, J. J.& Buxton, V. M. (1980). Employee and customer perceptions of service in banks. Administrative Science Quarterly, 25 (2), 252-267.

[156] Schweiger, D. M.& DeNisi, A. S. (1991). Communication with employees following a merger: A longitudinal field experiment.. Academy of Management Journal, 34.

[157] Sean A. Way, Michael C. Sturman & Carola Raab. (2010). Contrasting the effect of job satisfaction

and service climate on hotel food and beverage managers' job performance. Cornell Hospitality Quarterly, (8).

[158] Shuck, B.& Reio, T. G. (2013). Employee engagement and well-being.Journal of Leadership & Organizational Studies, 21 (1), 43-58.

[159] Sideridis, G. D. (2005). Goal orientation, academic achievement, and depression: evidence in favor of a revised goal theory framework.Journal of Educational Psychology, 97 (3), 366-375.

[160] Singh, Y. P. (2013). Quality of work life and its impact on organizational performance. Asia Pacific Journal of Management & Entrepreneurship Research, 2.

[161] Skirbekk, V. (2004). Age and individual productivity: a literature survey.Vienna Yearbook of Population Research, 2 (2004), 133-153.

[162] Smith, C. A., Organ, D. W.& Near, J. P. (2004). Organizational citizenship behavior: its nature and antecedents. Journal of Applied Psychology, 68 (4), 653-663.

[163] Soumendu Biswas, & Arup Varma. (2012). Linkages between antecedents of in-role performance and intentions to quit: an investigation in india. International Journal of Human Resource Management, 23 (5), 987-1005.

[164] Springer, G. J. (2010). Job motivation, satisfaction and performance among bank employees: a correlational study. Dissertations & Theses - Gradworks.

[165] Stroh, L. K., Brett, J. M.& Reilly, A. H. (1992). All the right stuff: a comparison of female and male managers' career progression. Journal of Applied Psychology, 77 (3), 251-260.

[166] Sturman, M. C. (2003). Searching for the inverted u-shaped relationship between time and performance: meta-analyses of the experience/performance, tenure/performance, and age/performance relationships. Journal of Management, 29 (5), 609-640.

[167] Sue Ling Lai, Justine Chang. (2012).Does effect of workload on quality of work life vary with generations?. Asia Pacific Management Review, 17 (4), 437-451.

[168] Sun, L. Y., Aryee, S.& Law, K. S. (2007). High-performance human resource practices, citizenship behavior, and organizational performance: a relational perspective. Academy of Management Journal, 50 (3), 558-577.

[169] Supriyanto, A. S. (2013). Role of procedural justice, organizational commitment and job satisfaction on job performance: the mediating effects of organizational citizenship behavior. International Journal of Business & Management, 8 (15).

[170] Tae-Yeol Kim, Daniel M. Cable, Sang-Pyo Kim & Jie Wang.(2009).Emotional competence and work performance: the mediating effect of proactivity and the moderating effect of job autonomy. Journal of Organizational Behavior, 983-1000.

[171] Teng, C. C.(2008). The effects of personality traits and attitudes on student uptake in hospitality employment. International Journal of Hospitality Management, 27(1), 76-86.

[172] Tepper, B. J., Duffy, M. K., Hoobler, J.& Ensley, M. D.(2004). Moderators of the relationships between coworkers' organizational citizenship behavior and fellow employees' attitudes. Journal of Applied Psychology, 89(3), 455.

[173] Tews, M. J., Michel, J. W.& Stafford, K.(2013). Does fun pay? the impact of workplace fun on employee turnover and performance. Cornell Hospitality Quarterly, 54(4), 370-382.

[174] Thibaut, J. W.& Kelley, H. H.(1960). The social psychology of groups, new york. Revue Française De Sociologie.

[175] Tracey, J. B.& Hinkin, T. R.(2008). Contextual factors and cost profiles associated with employee turnover. Cornell Hospitality Quarterly, 49(1), 12-27.

[176] Van Looy, B., Dewettinck, K., Buyens, D., Vandenbossche, T.(2003).The Role of Human Resource Practices in Service Organizations, in: Van Looy, B., Gemel, P., Van Dierdonck, R.(eds.). Services Management: An Integrated Approach, Prentice Hall, Essex, 179-193.

[177] Van Scotter, J. R.& S. J.(1996).Motowidlo.Evidence for two factors of contextual performance: job dedication and interpersonal facilitation. Journal of Applied Psychology, 72, 377-392.

[178] Van Yperen, N.W. and Renkema, L.J.(2008) Performing great and the purpose of performing better than others: on the recursiveness of the achievement goal adoption process. European Journal of Social Psychology, 38(2), 260-271.

[179] Van Yperen, N.W., Hamstra, M.R.W. and Van der Klauw, M.(2011).To win, or not to lose, at any cost: the impact of achievement goals on cheating .British Journal of Management, , 22(S1), 5-15.

[180] Van, d. D. M.& Maes, S.(1999). The leiden quality of work questionnaire: its construction, factor structure, and psychometric qualities. Psychological Reports, 85(1), 954-962.

[181] Vancouver, J. B.Millsap, R. E. & Peters, P. A.(1994). Multilevel analysis of organizational goal congruence. Journal of Applied Psychology, 79(5), 666-679.

[182] Vandewalle, D.(1997). Development and validation of a work domain goal orientation instrument.

Educational & Psychological Measurement,57(6),995-1015.

[183] Verhaeghen, P.& Salthouse, T. A. (1997). Meta-analyses of age-cognition relations in adulthood: estimates of linear and nonlinear age effects and structural models. Psychological Bulletin, 122(3), 231-249.

[184] Victorino, L., Bolinger, A. R. & Verma, R. (2012). Scripting employees: an exploratory analysis of customer perceptions. Cornell Hospitality Quarterly, 53(3), 196-206.

[185] Westley, W. A. (1979). Problems and solutions in the quality of working life. Human Relations, 32(2), 113-123.

[186] Williams, L. J.& Anderson, S. E. (1991). Job satisfaction and organizational commitment as predictors of organizational citizenship and in-role behaviors. Journal of Management, 17(3), 601-617.

[187] Wu, L. Z., Tse, C. [. C. Y. E., Fu, P. P., Hokwong, K.& Liu, J. (2013). The impact of servant leadership on hotel employees' "servant behavior".Cornell Hospitality Quarterly, 54(4), 383-395.

[188] Yalabik, Z. Y., Popaitoon, P., Chowne, J. A.& Rayton, B. A. (2013). Work engagement as a mediator between employee attitudes and outcomes. International Journal of Human Resource Management, 24(14), 2799-2823.

[189] Ya-Wen Lee, R. N., Yu-Tzu Dai PhD RN, Park, C. G.& Linda L. McCreary PhD RN. (2013). Predicting quality of work life on nurses' intention to leave. Journal of Nursing Scholarship An Official Publication of Sigma Theta Tau International Honor Society of Nursing, 45(2), 160-168.

[190] Yoon, J., Baker, M. R.& Ko, J. W. (1994). Interpersonal attachment and organizational commitment: subgroup hypothesis revisited. Human Relations, 47(3), 329-351.

[191] Zeithaml, V. A. & Bitner, M.J. (1996). Services Marketing [M]. McGraw-Hill, New York, NY.

[192] Zweig, D. and Webster, J. (2004).What are we measuring? An examination of the relationships between the big-five personality traits, goal orientation, and performance intentions .Personality and Individual Differences, 36(7), 1693-1708.

[193] 陈伟娜, 凌云铨. 工作生活质量相关研究 [J]. 科学发展观研究, 2010(2).

[194] 陈晓萍, 徐淑英, 樊景立. 组织与管理研究的实证方法 [M]. 北京: 北京大学出版社, 2008.

[195] 陈志霞.知识员工组织支持感对工作绩效和离职倾向的影响 [D]. 华中科技大学, 2006.

[196] 方来坛, 时勘, 张风华. 员工敬业度的研究述评 [J]. 组织行为与人力资源管理, 2010(5).

[197] 郭涛. 高校教师敬业度影响因素及其与工作绩效的关系研究 [D]. 天津大学, 2012.

［198］韩翼，廖建桥，龙立荣.雇员工作绩效结构模型构建与实证研究［J］.管理科学学报，2007（5）.

［199］韩夏莜.员工主观幸福感、情感承诺和情境绩效的关系研究［D］.清华大学，2010.

［200］贺瑞雪.成就目标导向的文献综述［J］.山西经济管理干部学院学报，2010（4）.

［201］黄炽森.研究方法入门——组织行为及人力资源的应用［M］.南京：南京大学出版社，2012.

［202］贾海薇，王文生，朱正威.工作生活质量的影响因素及评价指标［J］.华南农业大学学报（社会科学版），2003（2）.

［203］卿涛，罗键.工作生活质量研究述评与展望［J］.外国经济与管理，2007（12）.

［204］李宝元.现代人力资源管理学［M］.北京：北京师范大学出版社，2011.

［205］李冠军，王佩，王垒.企业绩效研究新进展［J］.人力资源管理，2013（4）.

［206］刘惠军.成就目标定向对工作记忆广度和控制性提取影响的研究［D］.首都师范大学，2003.

［207］刘小平.员工组织承诺的形成过程：内部机制和外部影响——基于社会交换理论的实证研究［J］.管理世界，2011（11）.

［208］刘亚楠，王刚，陈建成.任务绩效和关系绩效的研究综述［J］.理论经济研究，2011（3）.

［209］欧小庆.员工工作压力与个人绩效的关系研究［D］.西南财经大学，2009.

［210］邱皓政，林碧芳.结构方程模型的原理与应用［M］.北京：中国轻工业出版社，2009.

［211］邱林.国外工作家庭冲突研究综述［J］.华南理工大学学报（社会科学版），2012（3）.

［212］史茜，舒晓兵，罗玉越.工作需求控制支持压力模型及实证研究评析［J］.心理科学进展，2010（4）：655-663.

［213］孙泽厚，周露.工作幸福感与工作生活质量及工作绩效的关系研究［J］.统计与决策，2009（6）.

［214］王晓莉.工作生活质量在和谐劳动关系构建中的价值［J］.中国人力资源开发，2008（4）.

［215］吴秋余.第三产业税收占比持续上升［N］.人民日报，2014-5-16.

［216］吴新辉，袁登华.适应性绩效：一个尚需深入研究的领域［J］.心理科学进展，2010（2）：339-347.

［217］吴艳，温忠麟.结构方程建模中的题目打包策略［J］.心理科学进展，2011（1）：1859-1867.

［218］杨红明，廖建桥.员工敬业度研究现状探析与未来展望［J］.外国经济与管理，2009（5）.

［219］杨丽萍.心理学视角的社会交换理论［J］.湖北大学学报（哲学社会科学版），1995（4）.

［220］袁凌.转轨时期中国企业劳动关系研究［M］.长沙：湖南大学出版社，2012.

［221］约翰·W. 巴德.劳动关系：寻求平衡.北京：机械工业出版社 2013. 4-5.

［222］赵宇飞.服务接触中员工行为对顾客参与的影响研究［D］.吉林大学，2012.

［223］甄美荣.组织创新气氛对员工创新行为的影响［D］.南京大学，2012.

［224］周明建.组织-主管支持、员工情感承诺与工作产出［D］.浙江大学，2005.

［225］周小苑.服务业首坐GDP头把交椅［N］.人民日报海外版，2014-3-3（002）.

［226］方平，张咏梅，郭春彦.成就目标理论的研究进展［J］.心理学动态 1999（1）.

［227］侯杰泰，温忠麟，成子娟.结构方程模型及其应用［M］.北京：教育科学出版社，2004.

［228］"北京老字号发展研究"课题组.北京市老字号的发展现状及对策研究［J］.北京行政学院学报，2004（3）：40-44.

［229］北商商业研究院.嬗变之路：全聚德集团改革发展纪实［M］.人民日报出版社，2014.

［230］杜晓英，王哲.中国全聚德（集团）股份有限公司管理战略分析［J］.职大学报，2011（1）：95-98.

［231］顾力刚，韩福荣，徐艳梅.企业寿命剖析［J］.北京工业大学学报（社会科学版），2001（4）：23.

［232］郭琪.中西式快餐业比较及其启示——以肯德基和全聚德为例［J］.市场营销，2008（3）：31-33.

［233］何佳讯.品牌个性认知对品牌延伸评价影响的再研究——兼论上海冠生园的品牌延伸新策略［J］.华东师范大学学报（哲学社会科学版），2011（2）：74-83.

［234］黄孝俊.人力资源战略与企业文化的关系研究［J］.商业研究，2002（3）：123-125.

［235］金思宇.关于中国企业文化建设现状的基本判断及对策［J］.管理世界，2002（7）：147-148.

［236］孔昭林，王丹谊.新媒体视野下北京老字号品牌推广的创新表现［J］.北京联合大学学报（人文社会科学版），2012（4）：50-54.

［237］梅适.全聚德，与历史同行［J］.现代企业文化，2008（1）：75-80.

［238］彭红霞，达庆利.跨国公司人力资源系统、企业文化与创新绩效关系的实证研究.国际贸易问题.2007（4）：100-105.

［239］施炳丰，李燕山，周长缨，管巍.老店新"转"——北京全聚德烤鸭店推行"三转"的调研报告［J］.商业经济研究，1998（11）：17-19.

［240］孙春艳.全聚德：百年盛宴［J］.经营者，2007（13）：88-91.

［241］舒瑜.老字号的技艺传承——以北京"盛锡福"皮帽制作为例［J］.西北民族研究，2013（2）：

113-123.

[242] 陶骏,李善文."中华老字号"品牌复兴:品牌延伸及反馈[J].经济管理,2012(2):97-104.

[243] 田雅琳.基于"订单式"的餐饮管理人才培养模式研究[J].教育与职业,2010(17):105-107.

[244] 丁敏.人力资源战略与企业战略、企业文化的匹配初探[J].经济问题探索,2006(3):129-133.

[245] 王正志等.中华老字号:认定流程、知识产权保护全程实录[M].法律出版社,2007.

[246] 邢颖,弓如英.餐饮企业集团商业模式创新思考——以"全聚德"为例[J].美食研究,2014(1):39-42.

[247] 郑师渠."首善"之区与北京文化建设[J].北京师范大学学报(社会科学版),2004(5):90-95.

[248] 张继焦,丁惠敏,黄忠彩.中国"老字号"企业发展报告(2011)[M].社会科学文献出版社,2011.

[249] 张永,张浩.中国老字号企业连锁经营模式研究——以全聚德为例[J].管理学报,2012(12):1752-1825.

[250] 张玉明,刘德胜.企业文化、人力资源与中小型科技企业成长关系研究.科技进步与对策.2010(5):82-89.

[251] 张玉明,李娓娓.从仿生学视角构建中小型科技企业内生成长机制[J].中国社会科学院研究生院学报,2009(4):37-41.

[252] 张玉凤.北京"老字号"餐饮企业生存现状分析与成长机制研究[J].旅游学刊,2009(1):48-54.

[253] 张莎.企业文化对企业人力资源管理的影响[J].现代企业,2005(10):55-56.

责任编辑：郭海燕
责任印制：冯冬青
封面设计：鲁　筱

图书在版编目（CIP）数据

工作生活质量对员工工作绩效影响机制研究：基于中国服务性岗位的调查 / 田雅琳著． -- 北京：中国旅游出版社，2018.3

ISBN 978-7-5032-5979-1

Ⅰ．①工… Ⅱ．①田… Ⅲ．①生活质量—影响—服务业—调查研究—中国 Ⅳ．①F719

中国版本图书馆 CIP 数据核字（2018）第 047158 号

书　　名：	工作生活质量对员工工作绩效影响机制研究：基于中国服务性岗位的调查
作　　者：	田雅琳著
出版发行：	中国旅游出版社
	（北京建国门内大街甲9号　邮编：100005）
	http://www.cttp.net.cn　E-mail:cttp@cnta.gov.cn
	营销中心电话：010-85166503
排　　版：	北京旅教文化传播有限公司
经　　销：	全国各地新华书店
印　　刷：	河北省三河市灵山芝兰印刷有限公司
版　　次：	2018年3月第1版　2018年3月第1次印刷
开　　本：	787毫米×1092毫米　1/16
印　　张：	12.5
字　　数：	220千
定　　价：	48.00元
ISBN	978-7-5032-5979-1

版权所有　翻印必究

如发现质量问题，请直接与营销中心联系调换